AF588865

TRAITÉ
DE LA
REVOCATION
DES
DONATIONS,
PAR LA NAISSANCE
OU
SURVENANCE DES ENFANS.

*Par Mᵉ A*** D*** L*** R***, Avocat au Parlement de Provence.*

A PARIS, AU PALAIS;
Chez NICOLAS GOSSELIN, dans la Grande Salle; à l'Envie.

M. DCC. XXX.

AVEC PRIVILEGE DU ROY.

PREFACE.

LES differens Traités & Commentaires sur la Loi *Si unquam*, Cod. *De revocand.* faits par un grand nombre de Docteurs, qu'on peut appeller à juste titre les Lumieres de la Jurisprudence, devroient être un obstacle au dessein que j'ai formé depuis plus d'un an d'en donner un au Public de ma façon. Il semble en effet, qu'il n'est plus permis à personne de vouloir rencherir sur tout ce que ces Jurisconsultes François & Latins ont décidé selon l'esprit du Legislateur, & la disposition de cette Loi.

Mais quand on aura lû ce Traité sans aucun préjugé contre son Auteur, j'ose esperer que le Public, toujours juste dans les jugemens qu'il porte sur les Ouvrages que l'on met au jour, suspendra le jugement qu'il est en droit de prononcer contre mon Traité.

On y verra toutes les Questions qui ont un enchaînement & une liaison avec la Loi *Si unquam*, décidées par les Loix, les Ordonnances, les Docteurs, & les Arrêts des Parlemens du Royaume, avec autant de sincerité que d'exactitude; ce qui sans doute ne manquera pas de me justifier dans l'esprit du Public.

J'ai pris soin de faire entrer dans ce Traité, non-seulement toutes les Questions qui ont déja été examinées & décidées par nos Auteurs François & par nos Arrêtistes, mais d'autres encore qu'ils n'ont point touchées dans leurs Traités & Commentaires.

Du reste, je n'ai rien voulu prendre sur mon compte dans tout ce que j'ai dit pour établir mon sentiment sur le grand nombre des Questions qui sont renfermées dans ce Traité, parce que je n'ai rien avancé que sur de bons Garands. J'ai la satisfaction que l'ayant fait examiner par un des plus sçavans, des plus illustres & des plus judicieux Magistrats de notre Parlement de Provence, il a porté un jugement favorable à l'Auteur & à son Ouvrage.

J'ai cru que je ne pouvois passer sous silence dans mon Traité de la Revocation des Donations, par la naissance ou survenance des Enfans, tout ce qui pouvoit établir la certitude de leur état, pour le mettre dans une évidence à laquelle on ne puisse se refuser, parce que de là dépend la décision des Questions qui regardent & la vie & la filiation de ces Enfans, qui sont les deux principaux motifs qui peuvent faire revoquer les Donations faites par leurs peres, soit *ex proprio capite*, soit du chef des Donateurs; ensorte qu'on trouvera par ce moyen plusieurs Questions examinées, traitées & discutées avec beaucoup de circonspection, quoiqu'elles ne l'ayent jamais été par nos Auteurs; & j'en ai appuyé la décision sur les Edits, les Ordonnances & les Déclarations du Roi, d'une maniere à ne laisser aucun doute, comme on le verra dans les derniers Chapitres de ce Traité.

TRAITÉ DE LA REVOCATION DES DONATIONS, PAR LA NAISSANCE OU SURVENANCE DES ENFANS.

PLUSIEURS celebres & sçavans Magiſtrats ou Juriſconſultes François & Latins, ont fait des Traitez & Commentaires ſur la Loy *Si unquam*, Cod. *de revocand. donat.* mais tous ces differens Traitez ou Commentaires qui ont été donnez au public dans les ſeiziéme & dix-ſeptiéme ſiécles, ne renferment pas pluſieurs queſtions que l'on va examiner; elles ſont neanmoins fondées ſur l'expreſſe ou tacite diſpoſition de cette Loy. On le fera par ordre, & avec toute la circonſpection neceſſaire à l'importance des principes, & des maximes ſur leſquelles ces queſtions doivent être appuyées.

Meſſieurs Tiraqueau, & Papon, & Maîtres Jean-Marie Ricard & du Moulin, Julius Clarus, *&c.*

Mais pour entrer dans l'examen de ces differentes queſtions, il eſt neceſſaire de donner une idée juſte & naturelle de la donation par ſa définition.

La donation eſt ſuivant les élemens du Droit Civil, *liberalitas ſeu munificentia nullo jure cogente facta.*

Cette définition ſuppoſe (comme de l'eſſence de la donation entre-vifs, à laquelle elle doit être appliquée) une entiere & parfaite liberté dans la perſonne du Donant ou Donateur, & une liberalité de ſa part faite au Donataire ſans force, ſans crainte & ſans violence, pour qu'elle puiſſe être valable, & que le Donateur n'ait plus d'action pour la faire revoquer, ainſi que le remarque le ſçavant & judicieux Godefroy, qui dit ſur ces mots (*nullo jure*) *penitus ſcilicet.* C'eſt auſſi la déciſion d'une de nos Loix, où le Juriſconſulte Julien nous apprend que le Donateur ne fait une donation *propter nullam aliam cauſam, quàm ut liberalitatem & munificentiam exerceat.*

Nota *M. ad L. 82. ff. de regul. Jur. L. 1. In princip. ff. de donat.*

Après avoir donné la définition de la donation entre-vifs, qui par une ſuite & une conſequence neceſſaire eſt irrevocable, il faut entrer dans les queſtions qui ſont renfermées dans ce Traité, autant que les Loix, les Docteurs, les Interpretes, les Praticiens & les Arrêtiſtes nous en ont tracé la route.

CHAPITRE I.

Quel est le siege de la matiere qui regarde la révocation des Donations entre-vifs, par la naissance ou survenance des enfans.

LES Empereurs Constantin & Constans ont marqué par une de leurs Loix, quel est le siege de la matiere qui regarde la révocation des donations, par la naissance ou survenance des enfans du Donateur. Cette Loy est placée sous le titre du Code, *de revocand. donat.* En voici les termes.

L. 8. Cod. de revocan donat. *Si unquam libertis patronus, filios non habens, bona omnia, vel partem aliquam facultatum fuerit donatione largitus, & postea susceperit liberos, totum quidquid largitus fuerit revertatur in ejusdem donatoris arbitrio ac ditione mansurum.*

Il est vrai qu'il paroît d'abord que cette Loy ne regarde que les donations faites par les Patrons à leurs affranchis, connus sous le nom de *Liberti*, & qu'ainsi on ne peut l'étendre au-delà des bornes qui lui ont été prescrites; mais on ne peut douter qu'elle ne doive avoir son application à tous les Donateurs sans exception, selon le sentiment de Godefroy. Dans une de ses notes sur cette Loy il dit : *Nota. q. ad d. Leg.* *sed & si quivis alius præter patronum, quia in omnibus ratio hujus Legis valet, posita in pietatis conjectura; quia nemo verisimiliter extraneo donat in perpetuum, qui de liberis suscipiendis cogitat.* Cet Interprete fortifie son sentiment par plusieurs textes de Loix.

Mais il n'en est point de plus clair ni de plus formel, que celui qui est pris de la Loy, *cum avus, ff. de cōndit. & demonstrat*; dans laquelle Papinien consulté sur un fideicommis fait par un ayeul en faveur d'un oncle d'un de ses petits-fils, mort avant la trentiéme année de son âge, décide la question en ces termes : *fideicommissi conditionem coniectura pietatis respondi defecisse, quod minùs scriptum quàm dictum fuerat inveniretur.* *Nota, D. ad d. L. cum avus.* La consequence que tire le docte Godefroy de cette décision, est que *nepos non restituet hæreditatem patruo, sed propriis liberis.* D'où il suit que le *conjectura pietatis*, qui a servi de fondement à la décision de Papinien, doit aussi servir de motif à la revocation des donations, par la naissance ou survenance des enfans legitimes des Donateurs.

Cette consequence est d'autant plus incontestable, que l'Empereur Justinien en donne une raison invincible, & plus évidente que tont ce qu'on pourroit appliquer de plus favorable à la naissance des enfans des Donateurs. Cette raison est fondée sur la décision de la Loy 1. au code *de institut. & substitut.* L'Empereur y dit d'un fideicommis, *liberis eam excludentibus, & intellectu optimo his qui ad substitutionem vocantur obsistente, & non concedente ad eos eam partem venire, sed ad filios, vel filias, nepotes vel neptes, pronepotes vel proneptes morientis transmittente, & non aliter substitutionem locum accipiente, nisi ipsi liberi sine justa sobole decesserint, ut quod inter justos liberos sancitum est, hoc inter naturales filios extendatur.*

La raison tirée de la décision de cette Loy qu'apporte Justinien, pour exclure les étrangers du fideicommis lorsque le Testateur qui l'a fait, a des fils ou des filles, des petits-fils & des petites-filles, qui sont appellez à la succession de leur pere ou ayeul: cette raison, dit-on, doit s'appliquer à la Loy *si unquam* 8. *Cod. de revocand. donat.* qui ne permet au Donataire de joüir des biens à lui donnez, qu'au cas que depuis la donation faite, le Donateur n'ait plus d'enfans legitimes jusqu'à sa mort, ou au cas qu'il lui en survienne pendant le temps que le Donateur n'en a point; parce que dans le temps de la naissance ou survenance des enfans du Donateur, on ne doit point violer cette maxime de Droit : *Non est verisimile patrem talem fecisse donationem humanitatis intuitu.*

On ajoûtera ici pour confirmer & fortifier cette maxime, ce que l'Empereur Justinien établit dans la Loy 30. au code *de fideicommiss.* en ces termes, *ne videatur testator alienas successiones propriis anteponere* : *L. 30.* parce qu'en matiere de donation ou fideicommis, c'est un principe certain qu'on ne presume jamais celui qui l'a fait, *alienos & ex-*

traneos successores suis præposuisse, ainsi que l'enseigne Godefroy; c'est à dire qu'on ne sçauroit présumer que le Donateur ou Testateur ait voulu préferer des étrangers à ses fils ou petits-fils. Nota. O. ad d. L. 36.

La derniere raison qu'on peut encore alleguer pour montrer que la naissance ou survenance des enfans du Donateur ou Testateur, fait révoquer la donation ou fideicommis, est que *verba testatoris sunt interpretanda secundùm quod naturalis ratio & necessitudo sanguinis dictat*, suivant une des notes de Godefroy; de sorte que les Loix du sang & de la nature parlant en faveur des enfans du Donateur ou Testateur, pour faire révoquer la donation ou fideicommis fait avant leur naissance, c'est un paradoxe de soutenir que le Donataire ou Substitué étranger doit exclure les mêmes enfans, quoiqu'ils ne soient survenus qu'après la donation ou fideicommis. Nota. A. ad L. 85. ff. de hæredit. instit.

CHAPITRE II.

Quels sont les enfans dont la naissance ou survenance fait revoquer la Donation.

On ne doit pas se persuader que toutes sortes d'enfans du Donateur nez après la donation soient en droit de la faire revoquer, au préjudice du Donataire, & encore moins qu'ils soient compris dans la faveur que la Loy *si unquam, cod. de revocand. donat.* donne aux mêmes enfans: car d'un côté la pureté de nos mœurs défend aux peres d'appeller à leurs successions les enfans illegitimes & naturels, connus dans le Droit sous le nom de *Spurii*, nez *ex illicito coitu*, qui selon le sentiment de tous nos Docteurs & Interpretes, *non habent gentem neque familiam.* D'un autre côté les enfans naturels n'ont point de pere certain, suivant ce grand principe de Droit, *Pater est quem nuptiæ demonstrant*; d'où il s'ensuit que les enfans nez d'une conjonction illegitime, étant les fruits d'un honteux concubinage, les ascendans ne sont point obligez à les nommer dans leurs testamens, & qu'ils sont incapables de recevoir des donations en fonds, & de recueillir leurs successions, ou être appellez à des fideicommis, ainsi qu'on l'établira en son lieu: on doit donc conclure qu'ils ne joüissent point du benefice de la Loy *si unquam*, comme on le prouvera dans un autre endroit.

Cette maxime est d'autant plus certaine que si le Donateur a des enfans naturels lorsqu'il a fait une donation universelle de ses biens, ou de quelque partie considerable, on n'a jamais douté que ces enfans ne peuvent faire révoquer la donation, que quand ils ont été legitimez *per subsequens matrimonium.* La raison qu'en donne Godefroy, est que, *legitimatus non differt à legitimo*, & qu'ainsi la légitimation *per subsequens matrimonium*, a un effet retroactif, & fait considerer l'enfant legitimé comme legitime; en telle sorte qu'elle le fait joüir de tous les droits qui sont attachez à la qualité des enfans nez d'un vrai & legitime mariage, sans que le Donataire puisse le lui contester. Nota. O. ad Leg 8. cod. de revocand. donat.

En effet, le Droit Canonique, les Docteurs & les Interpretes ont décidé que la legitimation des enfans naturels *per subsequens matrimonium*, produit le même effet pour la revocation d'une donation faite avant cette legitimation, que la naissance des enfans sortis d'un legitime mariage, ainsi qu'on va le démontrer dans le Chapitre suivant. Cap. quanta qui fil. sint legitim. & ibi DD. Interpret.

CHAPITRE III.

Si la legitimation des enfans per subsequens matrimonium, *peut faire revoquer la donation par le benefice de la Loy* Si unquam, *Cod.* de revocand. donat.

ON vient de prouver dans le Chapitre précedent, que les enfans illegitimes connus sous les noms de *Nothi* ou *Spurii*, & dans notre langue sous celui de *Bâtards*, ne peuvent pas faire revoquer la donation faite, soit avant leur naissance, soit après qu'ils sont venus au monde.

Il faut maintenant faire voir quels sont les enfans legitimez, qui peuvent faire revoquer la donation par la faveur de la Loy *si unquam*, Cod. *de revocand. donat.* question qui est une des plus importantes de celles qui sont comprises dans ce Traité. Cette question peut être d'abord décidée par les Loix Canoniques, qui ont fixé l'état des enfans pour la filiation & la révocation de la donation à la legitimation par le mariage subsequent; ce qui a été encore établi par M. Tiraqueau, d'une maniere à ne laisser aucun doute.

Cap. Tanta est vis extra qui fil. sint legit. Tract. ad L. si unquam. In verb susceperit liberos, num. 71.

La Jurisprudence des Arrests de tous les Parlemens de France est uniforme sur cette question. M. le Président Boyer en rapporte plusieurs du Parlement de Bordeaux qui l'ont jugé de la sorte. On peut voir les autres Arrests dans Papon, *liv.* 12. *tit.* 1. *art.* 19. 20. 21. & 24. dans M. de la Rocheflavin, *liv.* 2. *tit.* 7. *art.* 1. dans M. Loüet & Brodeau, *lettre D. som.* 52. & dans Ricard en son Traité des Donations, *tome* 2. *part.* 3. *chap.* 5. n° 600. & 601. La raison qu'apporte M. le Président Boyer en l'endroit qu'on vient de citer, est que les enfans legitimez *per subsequens matrimonium*, sont regardez comme legitimes, *verè & propriè dicuntur legitimi.*

En effet les enfans naturels qui sont nez au temps de la donation faite par leur pere, font si bien revoquer cette donation ensuite de leur legitimation *per subsequens matrimonium*, qu'on ne peut pas leur opposer la fin de non-recevoir fondée sur cette maxime, que lors de la donation *cogitatum quidem erat de liberis*, parce que leur naissance dans le temps que le Donateur l'a faite, ne peut leur faire aucun obstacle de la part du Donataire pour empêcher l'effet de la revocation, puisqu'ils étoient *nati*, *sed non legitimi.* Le vice & la honte de leur naissance étant effacez, selon M. Loüet, par le mariage subsequent, ils sont, pour ainsi dire, regenerez pour les biens, les honneurs, & la succession, *vi & virtute matrimonii.*

Lettre D. Som. 52.

Cette maxime est si certaine, que dès qu'il n'y a point de *medium inhabile*, qui puisse empêcher la legitimation des enfans par le mariage subsequent, & que les enfans naturels sont nez d'un homme & d'une femme libres; c'est à dire, *ex soluto & soluta*, le donataire ne peut empêcher que leur legitimation fasse révoquer la donation par le privilege de la Loy *si unquam*, parce que le mariage pouvoit être contracté & celebré dans le temps que leurs pere & mere se frequentoient, ainsi que le remarque Brodeau sur M. Loüet, en l'endroit qu'on a déja cité; de sorte que pour rendre cette legitimation incontestable, il suffit que *coitus per consensum possit esse uxorius*, c'est à dire, que l'homme & la femme puissent rendre l'état de leurs enfans legitime *per subsequens matrimonium.*

De-là cette legitimation *per subsequens matrimonium*, est autorisée & par nos mœurs & par l'usage de France, lorsqu'elle est la suite du contrat & de la celebration du mariage: mais selon Dece & du Moulin, il faut qu'il soit fait mention des enfans naturels qu'on veut legitimer dans l'acte de celebration, c'est à dire, dans les Registres des mariages. Neanmoins Brodeau sur M. Loüet, établit une maxime pour la legitimation des enfans *per subseqnens matrimonium*, qui me paroît plus juste; il s'explique en ces termes: *Je n'estimerois pas que le défaut de faire mention par le contrat ou acte de celebration de mariage de l'enfant, d'exprimer son nom & âge, puisse faire prejudice à son état & à sa legitimation qui se fait de plein droit, pourvû qu'il apparoisse par un Extrait Baptistaire en bonne forme, ou autre acte valable, qu'il soit né dans le concubinage & conjonction de ceux qui ont contracté & celebré mariage*: ce qui est appuyé sur la nouvelle Ordonnance de 1667.

Conf. 155. num. 1. & *ibi Molin.*

Brodeau, sur Loüet, lettre D. som. 52.

Art. 8. tit.

1667. qui veut que l'état, la filiation & legitimité des enfans soient prouvez par les Extraits Baptistaires.

des faits qui gisent en preuve vocale ou litterale.

La legitimation *per subsequens matrimonium* est si juste, si certaine & si incontestable, independamment des autoritez citées, que Godefroy l'établit pour un des plus purs principes du Droit Civil: *Quid si legitimaverit*, dit-il, parlant du Donateur? *Idem dicendum; nam legitimatus non differt à legitimo.* Ce sçavant Interprete nous apprend encore la même chose sur le Chapitre 15. de la Novelle 89. de Justinien. Voici ses paroles; *Legitimantur autem multis modis, puta matrimonio contracto cum matre.* La raison qu'il en donne, est que les legitimez *per subsequens matrimonium, à legitimis non differunt*; ce qu'il établit par la même Novelle.

Nota O. ad L. 8. cod de revocand. donat.
Nota G.
Cap. 8.

C'est sur cette maxime qu'est fondé le celebre Arrest de Pellegrüe rapporté par Papon & M. Loüet. Les enfans naturels de Bertrand de Pellegrüe avoient été legitimez *per subsequens matrimonium*; & quoiqu'ils fussent le fruit d'une conjonction illegitime, & qu'ils fussent nez avant la donation qu'il fit à Guillaume son frere dans son Contrat de mariage, cependant cette legitimation fut confirmée. Circonstance qui prouve quelle est la faveur de cette espece de legitimation; qui suivant du Moulin, *plenissimè & mero jure restituit & habilitat ad omnia.* Ce privilege donné aux enfans legitimes, *per subsequens matrimonium*, est encore appuyé du sentiment de Brodeau sur M. Loüet, où parlant de l'Arrest des Chandons, il ajoute *qu'il fut dit aux Avocats par Monsieur le President Forget, que la Cour avoit jugé que la vraie naissance a un effet retroactif au jour de la legitimation faite par le Contrat & celebration du mariage.*

Liv. 11. tit. 1. art. 21. & M. Loüet Lettre D. som. 52.
Sur la Coutume de Paris, §. 8. gl. 1. n. 34. & 42.
Lettre D. som. 52.

L'Empereur Justinien confirme cette doctrine, par la raison que les enfans naturels renaissent par le mariage subsequent, qu'il appelle *Jus regenerationis*; ce qu'il repete encore dans une autre Novelle en ces termes: *habebit subsequens mox & aureorum annulorum, & regenerationis jus.*

Novell. 18. chap. 11.
Novel. 78. cap. l.

Les Canonistes tiennent aussi la même opinion en faveur de la legitimation des enfans *per subsequens matrimonium*, puisqu'il est certain suivant ces Docteurs que les enfans naturels legitimez de cette maniere sont *capaces honorum, ordinum, & bonorum.* Ce qui est d'autant plus certain, que du Moulin assure que le mariage contracté entre deux personnes fort avancées dans l'âge, ou qui par un cas inopiné depuis le mariage sont tombées dans l'impuissance, s'ils ont eu des enfans naturels auparavant, ce mariage les rend legitimes.

Gloss. in cap. tanta extr. qui fil. sint legit. & ibi Panormitanus.
En sa note sur le chap. 2. ext. de frigid. & maleficiat.

CHAPITRE IV.

Si les enfans naturels legitimez par Lettres du Prince, font revoquer la Donation faite par leur pere.

ON vient de prouver quel est l'effet de la legitimation faite *per subsequens matrimonium.* Il faut établir maintenant quelle est la faveur de celle qui est faite par Lettres du Prince, & si cette derniere espece de legitimation fait joüir les enfans du Donateur du privilege de la Loy *si unquam*, Cod. *de revocand. donat.*

Godefroy décide cette question en termes très clairs contre les enfans naturels legitimez par Lettres du Prince. *Nisi ante donationem à patre factam*, dit-il, *qui legitimatus est, natus fuit*; c'est-à-dire que dans ce dernier cas l'enfant naturel né avant la donation ne peut point par la legitimation qui lui a été accordée par Lettres du Prince, faire revoquer la donation par le benefice de la Loy *si unquam*, au lieu que les enfans naturels legitimez *per subsequens matrimonium*, joüissent de ce benefice, quoiqu'ils soient nez avant la donation, parce qu'en ce cas la tache de leur naissance n'est plus un obstacle qu'on puisse leur opposer pour empêcher l'effet de cette revocation.

Nota. n. ad L. si unquam.

On dit plus, n'est-il pas certain que si le pere a des enfans legitimes à qui il ait fait donation de tous ses biens ou d'une grande partie, quoiqu'il eût pour lors des enfans naturels, ces derniers ne peuvent pas faire revoquer cette donation après qu'ils ont été legitimez par Lettres du Prince, mais seulement demander leur legitime, qui est un droit que la nature donne aux enfans sur les biens de leurs peres: cette maxime est établie par Maître du Moulin de la maniere la plus forte; d'où il s'ensuit que les enfans naturels legitimez par le Prince, ne joüissent pas du privilege de la Loy *si*

Sur la Coutume de Paris, §. 8

unquam pour faire revoquer la donation faite par leur pere Donateur avant leur legitimation.

Je croi neanmoins que les enfans naturels legitimez par Lettres du Prince, qui sont nez *ex soluto & soluta*, peuvent faire revoquer la donation faite par leur pere avant leur legitimation, à ses enfans legitimes; mais ce n'est que jusqu'à concurrence de leur legitime, que les Docteurs appellent *Debitum bonorum subsidium*.

Il ne s'ensuit pas de là que les enfans naturels, legitimez par Lettres du Prince, soient fondez à faire revoquer une donation faite avant leur legitimation, par le remede de la Loy *si unquam*, quoique le Donataire soit étranger, parce que ces enfans legitimez *per rescriptum Principis*, sont incapables de succeder à leurs peres & meres *ab intestat*, selon la Jurisprudence des Arrests rapportez par Brodeau sur M. Loüet, & principalement un du Parlement de Provence rendu le 23. Juin 1646. sur lequel cet Arrêtiste fait cette reflexion: *En quoi se remarque cette difference notable entre la legitimation par le subsequent mariage, & celle qui se fait par Lettres du Prince.*

Lettre D. som. 52.

Cette maxime établie par les Arrests, prouve que les enfans legitimez par Lettres du Prince, ne peuvent succeder qu'aux collateraux qui ont consenti à leur legitimation, ainsi que le remarque M. le Bret; de sorte que s'ils n'avoient pas donné leur consentement à cette legitimation, ils ne pourroient pas leur succeder. Mais il n'en est pas de même à l'égard de ces enfans legitimez par rapport à leur incapacité personnelle d'être les heritiers de leurs peres ou meres, même par leurs testamens, suivant les Arrests rapportez dans le Journal du Palais, parce que la legitimation par Lettres du Prince ne produit d'autre effet que celui de rendre le legitimé capable d'entrer dans les honneurs, charges, dignitez & Benefices du Royaume, *dont les Bâtards*, dit Brodeau, *sont incapables & inhabiles par l'Ordonnance du Royaume*: d'ou il s'ensuit que cette incapacité s'étend jusqu'à la disposition de la Loy *si unquam*, dont ils ne peuvent pas se servir pour faire revoquer la donation faite à un étranger avant leur legitimation.

Lib. 2. cap. 8.

Tom. I. de la derniere Edit pag. 755.

Lettre L. som. 7.

Il faut donc revenir toujours à ce grand principe du Droit Civil, appuyé du sentiment de tous les Docteurs & Praticiens François, que les enfans naturels nez *ex soluto & soluta*, quoique legitimez par Lettres du Prince, ne peuvent pas joüir du privilege de la Loy *si unquam*, pour faire revoquer la donation que leur pere avoit faite avant leur legitimation, ainsi que nous l'apprend Ricard en ces termes: *Tous nos Auteurs demeurent d'accord que la legitimation par Lettres du Prince n'auroit pas le même effet; ce qui est très veritable, vû que cette espece de legitimation est tout à fait irreguliere; elle n'est faite que par fiction, & ne donne pas la faculté de succeder ab intestat.* Or étant certain que ce qui est fait par fiction, ne peut jamais avoir le même effet que ce qui est fait par la nature ou par le droit naturel, il s'ensuit que la legitimation par Lettres du Prince ne peut pas faire revoquer la donation par le privilege de la Loy *si unquam*, parce qu'elle rend ceux qui sont legitimez de cette sorte, incapables de recueillir aucun heritage, soit par testament, soit *ab intestat*, *activè & passivè*.

Tome 2. des Donat. part. 3. ch. 5. n. 602.

Il est vrai que selon l'ancienne jurisprudence, les Bâtards legitimez par Lettres du Prince, avoient la capacité de succeder à leurs peres & meres; mais cette Jurisprudence a changé, & leur incapacité de succeder a été établie par une infinité d'Arrests rapportez par Brodeau sur M. Loüet, qui ajoute ensuite cette importante reflexion pour prouver cette incapacité: *autre chose sero t, si la legitimation étoit faite par écrit & Lettres du Prince.*

Boër. Decis. 123 n. 4. & Papon liv. 5. tit. 5. art. 2. Lettre D. som. 52. & lettre L. som. 7.

La maxime, que les enfans legitimez par Lettres du Prince ne peuvent pas joüir du privilege de la Loy *si unquam*, pour faire revoquer la donation que leur pere avoit faite avant leur legitimation, est encore établie & confirmée par le sentiment de Decé & du profond du Moulin: desorte qu'il est certain que les legitimez *per rescriptum Principis*, ne peuvent faire valoir en leur faveur la disposition de cette Loy pour la revocation des donations faites à des étrangers; d'autant plus que s'il y a des enfans legitimes donataires de leur pere, ils ne peuvent pretendre que la legitime sur les biens qu'il a laissez; ce qui prouve combien l'état des enfans naturels legitimez par Lettres du Prince, est défavorable & infiniment moins privilegié que celui des legitimez *per subsequens matrimonium*.

Cons. 365. n. 2. & ibi Molin.

CHAPITRE V.

Si la survenance des enfans du Donateur après la Donation, la fait revoquer de plein droit.

LE plus sçavant de nos Interpretes du Droit Civil decide formellement la question que l'on traite dans ce Chapitre avec tant de netteté, de précision & de solidité, qu'on ne peut refuser de se soumettre à sa décision. *Ipso jure*, (dit-il parlant de la révocation des donations,) *ita ut nullius hominis ministerio sit opus*, & il assure que c'est le sentiment de Julius Clarus & de tous les Docteurs; de sorte qu'il n'y a pas lieu de douter que la revocation de la donation se fait de plein droit au moment que l'enfant legitime du Donateur vient à naître: c'est, dit Godefroy, *communis opinio.* *Godefroy, Nota P. ad L. si unquam, Cod. de revocand. donat.*

Nos Arrêtistes tant anciens que modernes établissent cette verité par une infinité d'Arrests qui l'ont toujours jugé de la sorte. Papon parlant de la revocation de la donation par la survenance des enfans legitimes du même Donateur après cette donation, ayant cité les Arrests qui appuient cette maxime, dit que *la disposition de la Loy* si unquam, *Cod.* de revocand donat. *est aujourd'hui pratiquée en France, à sçavoir que donations faites de tous biens ou de moitié, quart ou tiers, soit en faveur de mariage ou autrement, sont revoquées de soy, sans autre ministere, s'il advient que le Donateur ait des enfans après avoir donné. Et ainsi a été jugé*, ajoute-t-il, *par plusieurs Arrests de Paris, depuis 25. ans* Papon liv. 11. tit. 1. Art. 29.

Monsieur de la Rocheflavin qui a fait un recueil des Arrests notables rendus par le Parlement de Toulouse, rapporte plusieurs Arrests qui ont jugé en termes formels que la donation est revoquée de plein droit par la naissance des enfans, quoiqu'ils ne soient venus au monde qu'après cette donation. Liv. 2. tit. 7. Art. 1.

La disposition de la Loy *si unquam* est si favorable aux enfans legitimes du Donateur nez après la donation, qu'encore que la donation ait été faite dans le Contrat de mariage du Donataire, elle est toujours revoquée par la naissance de ses enfans, même après la donation, ainsi que le Parlement de Paris l'a jugé suivant Monsieur le Prêtre, qui a rendu cet Arrest. Centurie 2. chap. 11.

Monsieur Loüet rapporte l'Arrest celebre rendu en faveur de Maître Charles du Moulin, contre Ferry du Moulin son frere puîné, qui cassa la donation que ce grand Jurisconsulte lui avoit faite par son Contrat de mariage. Il ajoute ensuite: *Neanmoins cette question ayant été jugée par l'Arrest donné au profit de Maître Charles du Moulin, & prononcé en robes rouges, n'y avoit plus lieu de douter: prononçant disertement que la Cour ayant aucunement égard aux Lettres obtenuës par ledit du Moulin, a declaré & declare les renonciations & donations faites par icelui du Moulin à Maître Ferry du Moulin son frere le 12. Fevrier 1535. de tous droits successifs tant paternels que maternels, avoir été & être revoquées & resoluës par le moyen de la naissance des enfans naturels & legitimes dudit du Moulin advenuë depuis lesdites renonciations & donations.* On voit donc clairement par les termes dans lesquels le dispositif de cet Arrest est conçu, qu'il n'y a plus de moyen de contester la maxime, que la survenance des enfans du Donateur nez après la donation faite dans un Contrat de mariage, fait revoquer cette donation *ipso jure*, puisque ce sçavant & judicieux Magistrat prend soin de nous en marquer le motif dans la naissance des enfans legitimes de du Moulin arrivée après les donations qu'il avoit faites à Ferry son frere puîné, quelque specieuses que parussent les raisons du Donataire qui contestoit cette revocation. Lettre D. som. 52.

Il y a encore plusieurs autres Arrests qu'on peut voir dans le Journal du Palais qui ont jugé *in terminis*, que par la survenance des enfans du Donateur, la donation est revoquée de plein droit, *sine facto hominis*. Est-il quelqu'un après ce grand nombre d'Arrests de tous les Parlemens du Royaume, qui osât contester la maxime que la faveur de la Loy *si unquam* pour la revocation des donations s'étend aux enfans legitimes du Donateur qui sont nez, même après les donations faites par leurs peres dans les Contrats de mariage des Donataires; tant il est vrai que cette Loy a donné par sa disposition un privilege si grand aux enfans legitimes des Donateurs, que nulle raison ne peut empêcher d'en joüir pour faire revoquer les donations faites avant leur naissance de plein droit au moment qu'ils commencent à venir au monde? Tome I. de la derniere Edit. pag. 257.

Arrests notables de differens Tribunaux, sur plusieurs questions de droit Civil, de Coutume, de discipline Eccl. & de Droit public.

Un de nos Arrêtistes modernes rapporte un Arrest du Parlement de Paris, rendu le 26. Fevrier 1703. qui a jugé la question pour l'affirmative, conformément aux précedens Arrests qu'on a déja citez en faveur des enfans legitimes du Donateur nez après la donation; de sorte qu'on peut dire que *series rerum perpetuo similiter judicatarum, quæ vim legis obtinere debet*, & par consequent qu'il n'est plus permis de combattre ou de contester cette maxime, sous quelque pretexte que ce soit.

Tom. 2. des Donat. part. 3. ch. 5. n. 640.

Mais pour que cette revocation des donations ait son effet, le pere Donateur doit la demander après la naissance de ses enfans, ou du moins faire quelque acte qui tende à la même fin, sans quoi elle ne peut se faire *ipso jure*; parce que s'il venoit à mourir avant d'en avoir formé la demande, ses enfans seroient obligez de la former eux-mêmes, *ex propria persona*, ainsi que l'établit Ricard; ce qui pourtant, selon lui, reçoit une exception; sçavoir, à moins que le pere Donateur n'ait vécu un si long-temps, que la présomption de la ratification tacite prise de son trop long & perpetuel silence, ne l'en excluë.

Ibid. n. 641.

Le même Ricard met une autre exception à la décision de la Loy *si unquam*, Cod. *de revocand. donat.* qui consiste dans le défaut d'action & de la fin de non-recevoir contre le pere Donateur, au cas qu'il vînt demander lui-même la revocation de la donation qu'il a faite après la mort de ses enfans : ce que je croi avec d'autant plus de raison, que le benefice de cette Loy n'est attaché qu'à la personne des mêmes enfans, & qu'il n'est borné qu'à eux; d'où il s'ensuit que le pere qui a negligé de former la demande de cette revocation pendant leur vie, est non recevable & sans action pour le faire au moment qu'ils sont morts.

Sur le Cons. 366. de Dece, sur le mot, *in specie*.

Mais s'il faut se declarer plutôt pour l'opinion de du Moulin, que pour celle de Ricard, on doit tenir pour maxime, que la clause generale qui regarde les enfans legitimes, n'exclud pas le Donateur du remede de la Loy *si unquam*, Cod. *de revocand. donat.*

Tract. de donat. in contract. matrim. fact. n. 24. & 25.

Il ne faut pas ici passer sous silence qu'une donation faite sous l'esperance des enfans à naître d'une femme, qui viennent à mourir dans la suite, se revoque facilement, selon du Moulin par le benefice de la Loy *si unquam*, quand même la femme seroit morte avant eux, aussi-bien que le pere; ce qui a lieu aussi dans le cas des enfans vivans du premier mari, à moins que la donation ait été faite pour récompense des services de l'un des mariez, ainsi que l'assure le même Auteur, dont le sentiment sert de décision pour les questions qui regardent la revocation des donations par la Loy *si unquam*, parce que ce grand homme étoit mieux instruit des maximes qui entrent dans la disposition de cette Loy qu'aucun de nos Docteurs & Interpretes.

Ce celebre Docteur établit encore une troisiéme maxime qui n'est pas moins importante que les deux premieres, pour decider la question de la revocation des donations, par la naissance ou survenance des enfans legitimes du Donateur, *ipso jure*. Cette maxime consiste en ce qu'il remarque que la Loy *si unquam*, ne produit point l'effet de la revocation de la donation que l'on a faite, lors qu'un homme a perdu entierement l'esperance d'avoir des enfans; mais qu'elle lui donne seulement droit de revoquer ce qu'il avoit acquis, & qu'il a diminué de son heritage par le transport qu'il en a fait.

Molin. in Cons. Paris. tit. 1. des Fiefs, §. 1. gloss. 3. n. 16.

Papon dans son Commentaire sur cette Loy, examine une question qui entre necessairement dans celle que je traite dans ce Chapitre, qu'il resout ensuite avec beaucoup de solidité: la voici de la maniere qu'il l'expose.

Si le donateur a un fils lors de la donation, qui vient de mettre au monde lui-même un enfant né de legitime mariage, il est question de sçavoir si la naissance de ce petit-fils fait revoquer la donation faite par son ayeul, & s'il peut joüir du benefice de la Loy *si unquam*. Après avoir suspendu son sentiment sur cette question par plusieurs raisons qu'il allegue, il la décide en ces termes: *La verité est que la donation ne sera pas revoquée; car si son pere ne la peut pas faire annuller de son chef par la faveur de la Loy* si unquam, *à plus forte raison lui qui n'est que petit-fils du Donateur, sera-t-il non-recevable à la faire revoquer.*

Papon dans son Comment. sur la Loy *si unquam*, pag. 24.

Cela est d'autant plus certain, que le petit-fils ayant son pere au milieu, & ne pouvant pendant sa vie être heritier de son ayeul, il ne peut par consequent reclamer en sa faveur le benefice de la Loy *si unquam*, pour faire revoquer la donation de cet ayeul, parce que les biens donnez ne lui appartiennent pas, & qu'il n'a aucun droit sur les mêmes biens.

Mais, ajoute Papon au même endroit, *si après la mort du fils le pere donne, ne sçachant pas que la femme du même fils fût enceinte, la survenance de l'enfant né après la donation, certainement il la revoquera, de même que si le Donateur avoit eu un enfant après la donation, comme succedant au même lieu & degré que son pere.* Ce que je croi être fondé

sur

ſur ce que cet enfant, qui eſt ſon petit-fils, eſt regardé comme poſthume de l'ayeul, depuis ſa naiſſance après la donation ; & qu'ainſi lui tenant lieu de fils, ſuivant la Loy *liberorum*, on ne peut douter que le poſthume ayant droit de faire caſſer le Teſtament de ſon pere, la ſurvenance de ce petit-fils lui donne le privilege de la Loy *ſi unquam*, pour faire revoquer la donation ; d'autant plus que l'ayeul *non cogitavit de nepote*, lorſqu'il a fait cette donation, & que s'il avoit ſçû que la femme de ſon fils fût enceinte, il n'auroit pas ſans doute fait donation à un étranger, au préjudice de ſon petit-fils. *ff. de verb. ſignificat.*

CHAPITRE VI.

S'il faut que les enfans ſoient en état de vivre, pour revoquer la donation; où s'il ſuffit qu'ils ayent donné quelque ſigne équivoque de vie, pour produire le même effet.

IL faut commencer par poſer pour principe inconteſtable, que les enfans qui naiſſent d'un legitime mariage, ne peuvent faire caſſer ou annuller les teſtamens de leurs peres, *ex cauſa præteritionis*, s'ils ne donnent aucun ſigne de vie qui ſoit phyſique, certain, & non équivoque. C'eſt une regle de droit, *idem eſt non naſci, & natum mori*; c'eſt la déciſion du Juriſconſulte Paulus, qui dit : *Qui mortui naſcuntur, neque nati, neque procreati videntur.* *L. 129. ff. de verbor. ſignif.*

De ces deux maximes de Droit il s'enſuit, que tout enfant, ſoit qu'il ſoit poſthume, ſoit qu'il vienne au monde enſuite de l'operation céſarienne, qui ne donnera aucun ſigne certain de vie, ne peut ni faire rompre le teſtament de ſon pere, ni revoquer la donation qu'il a faite avant ſa naiſſance. La raiſon qu'en donne l'Empereur Juſtinien, dans la Loy 2. au Code *de poſthum. hæredib. inſtituend.* eſt qu'il faut, pour être dans le cas de l'un & de l'autre, que *partus perfectè natus ſit*, & que le part ou poſthume n'eſt cenſé legitime, & en état de vivre, que quand *vivus ad orbem totus proceſſit*, ainſi que le decide le même Empereur, dans cette même Loy ; de ſorte que ſi le poſthume n'a *pas été vû*, ſuivant Brodeau, *reſpirer & mouvoir, non par un mouvement de palpitation, mais phyſique & naturel*, il ne peut être regardé comme né & en état de vivre, ſoit pour faire rompre le teſtament de ſon pere, ſoit pour faire revoquer la donation par le privilege que donne aux enfans legitimes la Loy *ſi unquam*. Sur M. Loüet, let. tre D. Som. 5.

Le ſçavant Alphonſe à Caranza dans ſon excellent Traité *de partu naturali & legitimo*, expliquant la Loy *quod certatum*, qu'on a déja citée, nous marque quels ſont les ſignes évidens & certains que l'enfant doit donner pour être declaré legitime, naturel, & *vitalis*. Voici comme il s'explique : *Lex ergo iſta declaratoria videtur aliarum antiquarum, partûs naturalis & legitimi tempora deſignantium, ita ut non ſufficiat quoad effectus civiles naſci quem legitimo tempore puta 7°. aut 9°. menſe, niſi vivus totus proceſſit ad nullum declinans monſtrum vel prodigium.* Il faut donc, ſelon cet Auteur, que le poſthume ſoit né dans le tems fixé par les Loix civiles, & qu'il ſorte du ventre de la mere *totus vivus*, ſans quoi on ne peut le regarder comme *perfectè natus*, ſuivant à Carranza, ſoit pour faire annuller le teſtament du pere, quand il a oublié de le nommer, c'eſt-à-dire, *ex cauſa præteritionis*, ſoit pour joüir du benefice de la Loy *ſi unquam*. *à Caranza ubi ſupra Prolegomenon, n. 14.*

Godefroy porte ſon ſentiment encore plus loin que à Carranza ; car il dit, en interpretant la même Loy *quod certatum*, que pour établir la certitude & l'évidence de la vie du poſthume, il faut qu'il ait jetté quelque cry lorſqu'il vient au monde, pour être conſideré comme legitime, naturel, & *vitalis*. Voici ſes termes : *Vox in partu edito vitæ indicium*; d'où il s'enſuit que par ce ſigne de vie le pere Donateur n'ayant aucun lieu de douter que le part ou poſthume ne ſoit pas legitime, & en état de vivre, il eſt en droit de ſe pourvoir en Juſtice, pour demander la revocation de la donation qu'il a faite avant la naiſſance du poſthume. *Nota H. ad leg. quod certatum cod. de poſt hum. hæred. inſt.*

Le celebre Zachias l'établit en termes encore plus formels, lorſque parlant des conditions qui ſont neceſſaires au part ou poſthume pour le rendre legitime, naturel, & en état de vivre, il dit, *Quia inabſolutus erat, & nullam firmitudinem habebat hiantibus ſuturis capitis, & articulis ab oſſe diſtractis, & qui neque aperire, neque ullo modo diducere os valeret, & qui in naſcendo ne ploratum aut vocem ullam ediderit, ſed vix ejulare perciperetur.* Tels ſont les ſignes équivoques de vie ; telles ſont les marques que le poſthume n'eſt *Quæſt. med. [illegible]* point naturel : point de perfection dans les membres, point de force, point de facilité d'ouvrir la bouche, point de pleurs ni de cris lorsqu'il vient au monde ; comment veut-on après cela que ce part ou posthume, qui ne réunit pas en sa personne tous ces signes certains de vie, puisse faire rompre le testament de son pere, *ex causa præteritionis*, ni faire valoir en sa faveur la disposition de la Loy *si unquam*, pour faire revoquer la donation par le benefice de cette Loy ? A-t-il paru lorsqu'il est venu au monde aucun mouvement vital & physique ? Est-il composé de toutes les parties & membres necessaires pour le faire passer pour legitime, naturel & en état de vivre ? Les marques qu'il donne après sa naissance, ne sont-elles pas toutes équivoques ? En un mot, l'a-t-on vû respirer par un mouvement physique & naturel ?

C'est sur ces principes, sur ces signes de vie certains & naturels, que le Parlement de Paris a jugé par deux Arrests notables rapportez par Brodeau, qu'un enfant qui est venu au monde dans le 5e. mois accompli, avoit eu vie, & pouvoit succeder à son pere. D'où il s'ensuit, que si le part ou posthume né dans le 5e mois accompli, avec une perfection entiere de ses membres, poussant des cris lorsqu'il vient au monde, ayant une grande facilité à respirer, remuer ses membres, ouvrir les yeux, & jetter quelques pleurs, est en droit de succeder à son pere *ab intestat*, & faire rompre son testament, dans lequel il a oublié de le nommer ; il est pareillement en droit de faire revoquer la donation que son pere peut avoir faite avant sa naissance.

Sur Mr. Loüet, lettre E. Som. 5.

Mais avant de declarer si le posthume ou le part a donné des signes évidens de vie, pour le faire jouir du benefice de la Loy *si unquam*, il est necessaire s'il naît des contestations entre le Donateur & le Donataire, que la preuve en soit faite pour constater son état, par un raport de Medecins ou de Sages-Femmes, ainsi que l'établit Mascardus ; ensorte qu'après ce rapport on ne peut sans temerité soutenir les contestations qu'on a élevées sur la qualité & l'état du posthume, pour faire voir qu'il n'est ni legitime, ni naturel, ni en état de vivre, selon cette maxime dictée par le bon sens, *peritis in arte standum est* : d'où il s'ensuit que dès-là, que le rapport des Medecins & Sages-Femmas paroît n'être envelopé d'aucun doute sur l'état de l'enfant, cet enfant est fondé de faire revoquer la donation faite avant sa naissance, par la disposition de la Loy *si unquam*.

De probat. concl. 1084.

Voilà pourquoi celui qui soutient en Justice, *partum vitalem non esse*, est obligé de le prouver selon à Carranza, & l'opinion des Docteurs, dont il cite un très-grand nombre. Il est donc certain que si le Donataire qui veut s'opposer à la revocation de la donation qui lui a été faite, avance que le part ou posthume n'est pas en état de vivre, & qu'il n'étoit ni naturel, ni legitime lorsqu'il est venu au monde, que ce Donataire ne peut empêcher l'effet de la revocation de sa donation, que par cette preuve, parce que dans ce cas le Donateur étant défendeur, on peut lui opposer la maxime, *reus excipiendo fit actor*, & qu'ainsi *incumbit ei onus probandi*.

De part. legit. cap. 6. n. 11.

Quoique l'enfant né dans le 5e. mois accompli ait été declaré legitime, naturel, & *vitalis*, il ne s'ensuit pas cependant que tous les enfans nez dans ce 5e mois soient fondez de faire revoquer la donation par le remede de la Loy *si unquam* ; parce qu'il ne suffit pas que l'enfant soit né dans le 5e. mois accompli, mais il faut encore qu'il ait donné des signes évidens de vie, tels que ceux dont parlent la Loy *quod certatum*, Godefroy, à Caranza & Zachias dans les endroits qu'on a déja cités ; mais si le part ou posthume est né dans le 4e. mois entrant dans le 5e, & qu'en sortant du ventre de la mere il n'ait que quelque palpitation ou quelque sentiment de chaleur, qu'il avoit reçûë avant de venir au monde, qui le fasse un peu remuer, il est certain qu'il ne peut être regardé comme legitime, naturel, & en état de vivre ; parce qu'il faut que *perfectè natus sit*, & comme le dit à Caranza, *ad orbem totus procedens, & ad nullum declinans monstrum vel prodigium*, paroles qu'il a tirées de cette Loy *quod certatum* ; de sorte que si cet enfant a les deux conditions de *maturus, & perfectè natus*, quoiqu'il vienne à tomber par terre au moment de sa naissance, *illico postquam in terram cecidit*, le Donateur se mettant en état dans le même tems de faire signifier un acte au Donataire pour faire revoquer la donation, si l'enfant *in manibus obstetricis decessit* après la signification de l'acte, il est certain que la donation sera revoquée.

Cap. 9. n. 32.

Cod. de posthum. hæred. instituend.

Cette maxime ne sçauroit pourtant s'appliquer au part ou posthume né du 4e. au 5e. mois, parce qu'il n'est ni naturel ni en état de vivre, ainsi que l'apprend à Caranza, ensorte qu'il ne peut ni faire casser le Testament du pere, & lui succeder *ab intestat*, ni faire revoquer une donation, selon Zachias : *Qui abortivi sunt*, dit-il, *neque donationem, neque testamentum rumpere debent, quia habendi sunt ac si nunquam nati essent*. En effet, ne faut-il pas pour que le part soit legitime, naturel, & *vitalis*, qu'il donne des signes

De part legit. cap. 8. n. 6.

Quæst. med. legal. tom. 1. l. 1. tit 2. quæst. 10 n. 19.

certains de vie, & ce que l'on ne peut trop repeter, qu'il le fasse par un mouvement physique & naturel? N'est-il pas certain que pour faire regarder un enfant qui vient au monde, comme naturel & en état de vivre, il faut que *vivus perfectè natus sit*, suivant la décision de la Loy 2. Cod. *de posthum. hæredib. instit.* Ne faut-il pas enfin que les signes de vie soient évidens, ainsi que le remarque Godefroy dans une de ses notes sur cette Loy, en ces termes: *Posthumus, si vivus nascitur, rumpit testamentum, etiamsi illico decedat: vivus fuisse intelligitur si vocem emisit, vel si cum spiritu visus est?* Comment veut-on après cela que l'enfant né du 4ᵉ ou 5ᵉ mois soit censé naturel & en état de vivre, puisqu'il n'est veritablement que *partus abortivus*, qui ne peut ni faire casser un Testament, ni faire revoquer une donation? Les enfans nez dans le 6ᵉ mois accompli ont partagé les sentimens; les uns ont tenu pour l'affirmative, & les autres pour la negative. Du côté des Medecins, ces enfans ont pour eux Avicenna, qui assure en avoir vû un né dans le 6ᵉ. mois accompli, & une infinité d'autres que le docte à Caranza cite avec beaucoup d'exactitude. Ces Medecins ont contre leur décision Hypocrate, Galien; & une foule de leurs Confreres qui leur sont opposez, & que cet Auteur prend aussi soin de citer au nombre 3. du même Chapitre. Quant aux Docteurs & Interpretes du Droit Civil, les enfans nez dans le 6ᵉ mois accompli ont pour eux Balde, Angelus, Corneus, Dece, Felin, Bursat, Peregrin, & plusieurs autres que à Caranza marque. D'un autre côté ils ont contr'eux Paul de Castro, Alexandre, Jason, Socin, Dece, Mantica, & presque tous les autres, ainsi que l'atteste cet Auteur, *n.* 3. Dans ce contraste, quel parti doit-on prendre? Pour qui se declarer? Les enfans nez dans le 6ᵉ mois ne paroissent-ils pas être parvenus au comble de leurs malheurs, d'avoir partagé une infinité de Docteurs? Les uns veulent qu'ils soient *maturi & perfectè nati*, & les autres qu'ils soient compris dans les *partus abortivi.* N'est-il point plus prudent de se déclarer contr'eux, puisque c'est l'opinion du plus grand nombre, que de suivre celle qui s'est déterminée en leur faveur? Quoiqu'il arrive dans cette altercation, il faut enfin se resoudre.

Lib. 9. de nat. anim. cap. ult.

De partu c. 9. n. 1.

Hippoc. in l. de 7. part. & Gal. in opuscul. de 7. part.

N. 2. ubi supra.

Je crois donc que dans le doute & la perplexité où peut engager l'une & l'autre de ces deux opinions, il est beaucoup plus juste & plus raisonnable de se ranger du parti le plus foible veritablement, mais qui me paroît le plus sûr; c'est-à-dire, qu'il faut se déterminer en faveur des enfans nez dans le 6ᵉ mois accompli, & les déclarer legitimes, naturels & en état de vivre: 1°. Parce que la Loy *quod certatum*, qu'on a si souvent citée, decide que le part est naturel & *vitalis, si vivus perfectè natus est, & si vivus ad orbem totus processit.* Or si l'enfant né dans le 5ᵉ mois accompli a été declaré legitime & *vitalis*, par deux Arrests du Parlement de Paris, dont on a déja parlé, y a-t-il quelque raison qui implique à decider que celui qui est né dans le 6ᵉ mois accompli, est naturel, & en état de vivre, s'il a donné des signes de vie certains, évidens, physiques, naturels, & non équivoques? 2°. S'il y a eu des Arrests qui ont jugé que l'enfant né au terme de 5. à 6. mois étoit legitime & *vitalis*, suivant M. Bouguier & Brodeau, quelle absurdité n'y auroit-il pas de declarer celui qui seroit né dans le 6ᵉ mois accompli, *non vitalis & abortivus?* 3°. Enfin le témoignage de Konek peut-il être contesté ou combattu, puisqu'il assure par plusieurs exemples que les enfans nez dans le 6ᵉ mois accompli sont naturels, legitimes, & *vitales*; ce qui est apuyé sur l'opinion d'à Caranza, qui rapporte aussi de pareils exemples en ces termes: *Ut inde quinque mestres & semestres quos & ætas nostra vidit vitales & naturales fateri cogamur, occulta naturæ ratione & experientia magistra id clarè demonstrante & vigente.*

Bouguier, Lett. C. n. 4. & Brodeau sur Loüet, lett. E. som. 5.

Lib. 4. observat. var. de part.

Cap. 1. n. 51. de part. leg.

En vain voudroit-on se servir de l'autorité de Zachias, *quæst. med. legal.* pour détruire tout ce qu'on vient d'avancer; car outre que cet Auteur a affecté de se declarer pour le parti d'Hypocrate à cause de la Loy *septimo mense*, sur laquelle il appuye son sentiment; d'ailleurs comment peut-on renverser la décision de la question pour les enfans nez dans le 6ᵉ mois accompli, après les Arrests du Parlement de Paris, qui l'ont jugée en faveur de ceux qui naissent du 5ᵉ au 6ᵉ mois? Enfin, l'experience sur laquelle à Caranza & Konek appuyent leurs raisons, soutenuës par l'autorité de la Loy *quod certatum*, Cod. *de posth. hæred. instit.* qui exige seulement que le part *totus vivus ad orbem procedat*, ne laisse aucun lieu de douter que les enfans nez dans le 6ᵉ mois accompli sont legitimes, naturels, & en état de vivre, & par consequent qu'ils sont en droit de faire revoquer les donations par leur naissance.

Tom. 1. l. 1. tit. 2. quæst. 1. ad 10.

ff. de stat. hom.

L'état des enfans nez dans les 7ᵉ, 9ᵉ mois & 10ᵉ mois accomplis, ne fait point de difficulté pour la revocation des donations faites par leurs peres avant leur naissance, par le privilege de la Loy *si unquam*; parce qu'ils sont legitimes, naturels, & *vitales*. On va maintenant examiner l'état de l'enfant né dans le 8ᵉ mois accompli.

La naissance de cet enfant, & l'effet qu'elle peut produire, ont partagé les Interpretes du Droit Romain. D'un côté Cynus, Barthole, Tiraqueau, Guilleaume, Benedictus, Matthæus de Afflictis, & une infinité d'autres se sont déclarez hautement contre les enfans nez dans le huitiéme mois accompli. De l'autre côté ces enfans ont pour eux Balde, Angelus, Cornæus, Bertrand, Felix, Boërius, Cœpola, Parisius, Plutarque, Consorin, Aristote, & plusieurs autres citez par à Caranza, lequel après avoir examiné les raisons qui ont porté les Docteurs à se déclarer la guerre sur cette question, & se battre à outrance, se détermine enfin pour les enfans nez dans le huitiéme mois accompli, disant qu'ils ne sont pas *animæ rationalis & humanæ formæ expertes*, c'est à dire naturels & *vitales*, de même que ceux du septiéme, neuviéme & dixiéme mois accomplis: & parlant ensuite des Docteurs de son temps qui tiennent pour la negative, il dit: *Idque tantùm ex Medicis suorum temporum edocti & cœci à cæcis ducti.* Bonaventure en son Traité *de partu octomestri*, refutant l'opinion des Auteurs qui se déclarent contre les enfans nez dans le huitiéme mois accompli, s'explique en ces termes: *Difficile est de ejus* (Bartholi) *mente devinare, cum nihil loco illo habeamus de octomestri partu ab eo explicatum, quin potius vir tantus eum erubesceret sine lege loqui, videns apud Jurisconsultos nullam esse de hoc partu mentionem, prudenter illos imitatus, nihil de 8°. mense statuere voluit, illumque silentio præteriens, menses tantùm eos recensuit quos fortasse existimabat magis esse naturales ac receptos sine controversia:* du reste la Loy *Quod certatum*, qu'on a citée en tant d'endroits de ce Chapitre, ne déclare point les enfans nez dans le huitiéme mois accompli incapables de faire casser le testament de leur pere, où il les a oubliez injustement; elle ne décide point qu'ils sont *abortivi*, elle exige seulement pour faire regarder les enfans comme naturels & en état de vivre, *hoc tantummodo requirendo si vivus ad orbem totus processit*; d'où il s'ensuit que si l'enfant né dans le huitiéme mois accompli *vivus perfectè natus est*, & *si vocem emisit*, ce sont des signes évidens, certains & incontestables, qui prouvent qu'il est en état de vivre, & par consequent qu'il est en droit de faire casser le testament de son pere, ou de faire revoquer la donation qu'il a faite avant sa naissance.

De part. cap. 11. num. 171
De part. num. 72. & 73.
Lib. 9. cap. 4.

Godefroy dit encore la même chose au sujet de l'état de l'enfant né dans le huitiéme mois accompli, après avoir combattu le sentiment d'Hyppocrate par l'autorité d'Aristote, de Gellius, & de Pline; de sorte que l'on ne peut douter que l'enfant né dans le huitiéme mois accompli, est naturel & *vitalis*, & qu'il est non seulement capable de succeder *ab intestat* à ses pere & mere, & de faire casser leur testament, dans lequel on aura oublié de le nommer, mais de faire revoquer la donation qui aura été faite par leur pere.

In cap. 2. novell 39. Nota S.

On peut encore alleguer en faveur du même enfant l'autorité d'à Caranza, lequel après avoir appuyé son sentiment de la Loy *Quod certatum*, ajoûte, *unde est ut attendi non debeat an vivere possit ulterius, dummodo vivus nascatur.* Ainsi il doit demeurer pour constant, que l'enfant né dans le huitiéme mois accompli, étant né *vitalis*, peut faire casser le testament de son pere, *ex causa præteritionis* d'un côté, & de l'autre faire revoquer la donation qu'il peut avoir faite avant sa naissance, par la disposition de la Loy *si unquam*.

De partu cap. 11. num. 39.

Enfin les enfans nez dans le huitiéme mois accompli, peuvent reclamer en leur faveur l'autorité de Zachias, qui ne leur donne point le titre de *Partus abortivi*, mais qui dit seulement qu'ils sont *minus vitales*. Ces enfans ont aussi pour eux celles de Dece & du Moulin, dont l'opinion a toûjours été d'un très-grand poids pour la décision des questions qui concernent l'état des enfans.

T. 1. l. 1. t. 1. q. 4. n. 29. & 30. Cons. 623. num. 1. & seq. & ibid. Molin.

Au regard des enfans nez dans les dixiéme & onziéme mois accomplis, on n'a pour établir qu'ils sont legitimes, naturels, & *vitales*, qu'à remarquer, que ce que je dis en leur faveur, est appuyé sur la doctrine de M. Cujas, *ad lib. 19. resp. Pauli.* & sur l'opinion d'à Caranza, sur le texte de la Loy *Gallus, ff. de liber & posthumis*; sur la remarque de M. Fabret, qui dit: *Verum decimo quoque mense exacto partum die posse dubitari non debet*: & sur l'Arrest rapporté par M. Maynard, qui a jugé que l'enfant né après dix mois est legitime. Ce qui fait voir que ceux qui sont nez dans le onziéme mois accompli, sont de même que les autres dans le dixiéme aussi accompli, naturels & en état de vivre; d'autant plus que les signes évidens de vie qu'ils peuvent donner sont appuyez sur une des Novelles de l'Empereur Justinien, qui le décide en termes exprès; & sur la remarque de Godefroy dans une de ses notes sur ce Chapitre: de sorte que tout concourt en faveur de ces derniers enfans, soit pour faire casser le testament de leur pere *ex causa præteritionis*, soit pour faire revoquer la donation qu'il aura faite avant leur naissance, par le privilege de la Loy *si unquam*.

De partu cap. 11. num. 1.
Liv. 4. ch. 3. & 4.
Novel. 39. cap. 2.

CHAPITRE

CHAPITRE VII.

Si l'enfant né ensuite de l'operation Césarienne, peut faire revoquer la donation faite par son pere avant sa naissance.

APRE'S avoir examiné les questions qui regardent l'état des enfans nez dans les quatriéme, cinquiéme, sixiéme, septiéme, huitiéme, neuviéme, dixiéme & onziéme mois, l'ordre que je me suis proposé demande que je traite maintenant la question qui doit fixer l'état des enfans nez *ex secto matris utero*, c'est à dire ensuite de l'operation Césarienne, pour voir dans quelles circonstances ils doivent être regardez, comme naturels, & en état de vivre, pour revoquer la donation faite par leur pere avant leur naissance, par la disposition de la Loy *si unquam*.

Il semble d'abord que l'enfant né ensuite de l'operation Césarienne, *ex secto matris utero*, ne soit ni naturel ni en état de vivre; & par consequent non recevable & sans action, soit pour faire casser le testament de son pere *ex causa præteritionis*, soit pour faire revoquer la donation qu'il aura faite avant sa naissance, selon le texte de la Loy 132. *ff. de verbor. significat.* Le Jurisconsulte Paulus y décide, *falsum esse eam peperisse cui mortuæ filius exsectus est*; décision adoptée & soutenuë par Angelus, *in L quod dicitur, ff. de liber. & posthum.* Alexandre, *in L. Arethusa*, *ff. de stat. homin.* Jason, Balde & Negusantius, sont si oposez à l'enfant né *ex sexto matris utero*, qu'ils assûrent ne pouvoir succeder à son pere, aussi-bien que plusieurs autres Docteurs, & principalement Ranchin, *de successionib. ab intestat*, §. 5. n°. 8. Paul de Castro, *in L. quod certatum*, Curtius le Jeune, *Cons.* 329. *n°.* 6. *&* 7. *lib.* 3. Socinus, *Cons.* 35. *lib.* 2. & Purpurat, *Cons.* 158. *n°.* 4. *lib.* 1. qui établissent pour maxime, que celui qui est sorti du ventre de la mere ensuite de l'operation Césarienne, ne peut être regardé, que comme *partus abortivus*; qu'il n'est ni legitime, ni naturel, ni en état de vivre, d'autant plus qu'il ne doit sa naissance qu'à l'art & à la main de l'homme, & non à la nature; de sorte qu'il semble qu'on ne peut passer que pour temeraire, d'entreprendre de combattre l'opinion de tant de Sçavans.

Mais malgré la décision de cette Loy, & l'autorité des Docteurs qui l'ont suivie, l'enfant né ensuite de l'operation Césarienne, a pour lui plusieurs textes de Loix & un grand nombre de Docteurs qui l'emportent sur les autres: car 1°. Au regard des Loix qui décident la question en faveur de l'enfant né, *ex secto matris utero*, le Jurisconsulte Ulpien dit, *L.* 141. *ff. de verbor. significat.* que la femme qui a mis au monde un enfant, quoiqu'elle soit morte aprésle lui avoir arraché du ventre, *creditur filium habere quæ exciso utero edere possit.* Ce grand Jurisconsulte decide encore la même chose en la Loy 1. §. *si qua prægnans*, *ff. unde cognat.* mais il s'explique en termes plus clairs en la Loy 1. §. *sed etsi matris*, où il dit, que l'enfant né *execto ventre*, doit non seulement recueillir la succession legitime de sa mere, mais qu'il le peut, *& institutus secundùm tabulas*, *& ab intestato unde cognati.* Ulpien tient le même langage en la Loy *Quod dicitur*, où il décide expressément, que l'enfant né ensuite de l'operation Césarienne, fait annuller le testament de son pere; de sorte qu'il paroît par ces divers textes des Loix qu'on vient de citer, que l'enfant né *execto ventre*, est legitime, naturel, & en état de vivre, soit parce qu'il est en droit de rompre le testament de son pere, au moment qu'il vient au monde, soit parce qu'il a, suivant la décision des Loix, la capacité de succeder *ab intestat*, & à sa mere & à ses autres parens en ligne collaterale; ce qui sans doute ne seroit pas, s'il falloit le considerer suivant l'opinion negative; d'où il s'ensuit qu'il peut faire révoquer par le benefice de la Loy *Si unquam*, la donation faite par son pere avant sa naissance.

ff. ad Senatusconf. Tertulian.

ff. de liber. & posthum.

2°. Godefroy ne laisse aucun doute sur cette question: il dit, *Ex secto ventre matris editus ad legitimam hæreditatem admittitur.* L'opinion de ce sçavant Interprete est suivie par M. Cujas, qui assûre que cet enfant a toute la capacité necessaire pour succeder. C'est encore le sentiment d'Antonius Faber, *Rationalium ad L. Si ego*, §. *idem est*; de Balde en son Conseil 113. *lib* 5. de M. Tiraqueau, dans son Commentaire sur la Loy *Si unquam*, *verbo susceperit liberos*, qui l'assûre en termes formels, pour la revoca-

Nota. *F. ad* §. 9. *L.* 1. *ff. unde cog. In Commentar. ad L. etiam ea, ff. de verbor. significat.*

tion de la donation par le privilege de la Loy *si unquam*; Gregorius Lopez, *L. 2. in tit.* 15. Curtius le Jeune, *in Tractat. feudor. quæst.* 9. 2. part. Giurba, *in Consuetudinem Messanens.* enseignent aussi que l'enfant né *ex secto matris utero*, est capable de tous les effets civils, & par une consequence bien naturelle & necessaire, il est fondé de faire revoquer la donation que son pere a faite avant sa naissance, laquelle n'est qu'un des effets de cette capacité, dont il ne peut pas être separé.

Gloss. 10. nc. 5. cap. 10. Gl. 1. num. 10.

3°. A Caranza voulant concilier les Docteurs qui sont opposez à la décision des Loix qui veulent que l'enfant né *ex secto matris utero*, ensuite de l'operation Césarienne, soit legitime, naturel, & en état de vivre, dit: *Addo ea intelligi debere, dum tamen ex secto ventre editus legitimi temporis fuerit, & apti partui naturali, ita ut naturaliter vivere possit, alioquin ope hominis ab utero divulsus melioris esset conditionis, quàm natus & productus à natura, quod dici nequit, & hoc sensu sunt percipienda quæ tradunt Alexander, &c.* Voilà quelles sont les conditions necessaires à la naissance d'un enfant, *ex secto matris ventre*, pour le rendre naturel, viable, & capable de succeder à ses pere & mere, & de faire revoquer la donation qui aura été faite avant sa naissance. Voilà le sens qu'il faut donner à l'opinion des Docteurs, qui combattent l'état de cet enfant. S'il n'a pas toutes les conditions dont parle à Caranza, soit pour le temps fixé par les Loix, soit pour être en état de pouvoir vivre à l'exemple des autres enfans qui naissent dans le tems legitime; il est certain qu'il n'a ni la capacité de succeder à ses pere & mere & autres parens, ni l'action pour faire revoquer la donation faite avant sa naissance, parce qu'il faut qu'il naisse selon le cours naturel & physique de l'accouchement, ainsi que l'enseigne Zachias, en ces termes: *Qui verò ex cæso matris utero vivus eximitur, nisi vixerit per viginti quatuor horas, non debet pro vitali haberi, nec ad hæreditatem admitti.*

De partu cap. 6. num. 14.

Tome 2. *quæst. Medic. legal. lib. 9. tit. 2. quæst. unic. num. 23.*

4°. Enfin, comment peut-on contester l'état de l'enfant né, *ex secto matris utero*, tandis que Dece & du Moulin tiennent que l'enfant né au huitiéme mois *exciso ventre matris præmortuæ*, est en état de vivre, & présumé tel pour être admis à la succession *ab intestat* de sa mere? Le sentiment des Docteurs opposez à ceux qu'on vient de citer & à la décision de plusieurs Loix, peut-il prévaloir à celui qui est porté en faveur de l'enfant né ensuite de l'operation Césarienne? Et la capacité de succeder *ab intestat* à ses pere & mere, ne donne-t-elle pas le droit de faire revoquer une donation faite avant la naissance de cet enfant *ex secto matris ventre*? Est-il quelqu'un au monde qui ose soutenir un tel paradoxe, au préjudice du même enfant, en faveur d'un Donataire étranger? Je doute fort qu'on puisse en trouver pour l'avancer, après les autoritez qui décident le contraire.

En son Conf. 625. *num. 1. & seqq. & ibi.* du Moulin.

CHAPITRE VIII.

Si le Part monstrueux joüit du privilege de la Loy Si unquam, *pour faire révoquer une Donation.*

AVANT que d'examiner cette question, il est necessaire de donner ici la définition du monstre. Le monstre est donc *omne quod contra naturam, cujusque rei genitum factumque est.* On appelle les monstres *Ostenta*, ainsi que le remarque Godefroy dans une de ses notes *ad dict. L. quæ ostendunt tantummodo monstra.*

L. 38. ff. de verb. significat.

A Caranza donne une autre definition du monstre qui approche beaucoup de celle de la Loy qu'on vient de citer: il dit que le monstre est *quod extra naturæ solitam operationem ejusve facultatem positum est.*

De partu cap. 17. num. 6.

Il paroît par ces deux définitions que le part où l'enfant qui vient au monde *contra naturam*, ne doit point être compris *nomine liberorum.* C'est ce qui est décidé formellement par le Jurisconsulte Paulus, en ces termes: *Non sunt liberi qui contra formam humani generis converso more procreantur*: il ajoûte ensuite pour défendre sa décision, *veluti si mulier monstrosum aliquid aut prodigiosum enixa sit*; & il finit en expliquant ce que c'est que le part monstrueux, & ce qui ne l'est pas: *Partus autem*, dit-il, *qui membrorum humanorum officia ampliavit, aliquatenus videtur effectus, & ideo inter liberos connumerabitur.* Le Jurisconsulte Ulpien met encore cette difference entre le part monstrueux

L. 14. ff. de stat. homin.

& celui qui ne l'est pas, *qualem visu vel vagitu novum non humanæ figuræ, sed alterius magis animalis, quàm hominis partum.* Ce Jurisconsulte en donne un exemple dans une autre Loy, où il désigne quel est le cas du monstre ou part monstrueux, en ces termes: *Tribus manibus forte aut pedibus, aut qua alia parte corporis quæ naturæ contraria est.*

L. 135 ff. de verbor. significat. L. 38. ff. eod. tit.

Ces principes établis, il est certain que le part qui vient au monde *ad aliquid declinans monstrum vel prodigium*, c'est-à-dire, de la maniere qui nous est marquée dans les trois textes des Loix citées, n'a ni la capacité de succeder *ab intestat*, ni celle de faire casser le testament du pere *ex causa præteritionis*, ou de faire revoquer une donation, par la disposition de la Loy *si unquam*, ainsi que le décide l'Empereur Justinien dans la Loy 3. Cod. *de posthum. hæredib. instit.* où il dit, *ad nullum declinans monstrum vel prodigium*, parce que ces sortes de parts monstrueux contractent dès leur naissance l'incapacité de succeder, suivant Godefroy, en ces termes, *Monstrosus partus testamentum non rumpit.* Or ce part monstrueux ne pouvant pas faire casser lorsqu'il vient au monde, le testament de son pere, comment pourra-t-il avoir la capacité de joüir du benefice de la Loy *si unquam*, pour faire revoquer une donation? puisque selon Zachias, ces sortes de parts *invitâ naturâ nascuntur sic & vivunt;* d'où il s'ensuit qu'on ne peut reclamer en leur faveur les Loix du sang & de la nature, parce qu'ils ne sont point compris *inter liberos.*

Nota. M. ad dict. L. 3.

Quæst. Medic.leg.tom. 1. lib. 7. quæst. 1. num. 7.

Mais il n'en est pas de même du part ou enfant, qui lors de sa naissance paroît être dans le cas d'une de nos Loix déja citée, *qui membrorum humanorum officia ampliavit*, parce qu'on ne peut combattre son état, ni soutenir qu'il n'est pas legitime & naturel, étant compris *numero liberorum*; de sorte que ce part ou enfant étant fondé de faire annuller le testament de son pere, où il a oublié de le nommer, il a le droit & la capacité de faire revoquer la donation faite avant sa naissance, parce que le Jurisconsulte Paulus dans la même Loy, décide que le part né de la sorte, doit *aliquatenus* avoir son effet lorsqu'il vient au monde.

Lorsque le part est si monstrueux qu'il vient au monde avec la tête d'un cochon, d'un âne, ou d'un chien, je crois avec à Caranza que ce part n'est point compté *in numero liberorum*, quoique son cœur, son estomac, ses mains, & ses bras soient semblables à ceux de l'homme; & que cet Auteur est appuyé de la Loy *non sunt liberi*, de la Loy *quod certatum*, qu'on a citée plusieurs fois, de l'opinion de la Glosse, & d'une infinité de Docteurs; de sorte que si suivant le même à Caranza, ce part *non facit deficere conditionem si sine liberis*, ainsi qu'il l'établit; il s'ensuit de-là qu'il n'est ni capable de succeder, soit par le testament, soit *ab intestat*, & moins encore de faire revoquer la donation que le pere peut avoir faite avant sa naissance.

De partu cap. 17. num. 27.

Mais si le part ou l'enfant qui vient au monde a la forme & la figure de l'homme, quoiqu'il ait la voix differente, qui approche neanmoins de celle d'un chien, d'un cheval, d'un âne, ou de quelqu'autre animal, il est certain, selon le même à Caranza, qu'il doit être compris dans le nombre des enfans de la même famille, *adhuc retenta forma inter liberos reputabitur*; ce qu'il appuye de l'autorité de plusieurs Docteurs: & par consequent ayant la capacité de tous les effets civils, il peut non seulement succeder *ab intestat* à ses pere & mere, & faire casser leurs testamens *ex causa præteritionis*, mais faire révoquer la donation que l'un ou l'autre aura faite avant sa naissance.

Id. Ibid. num. 28. 29. 30. & 34.

CHAPITRE IX.

Si la Donation faite à l'Eglise ou pour cause pie, peut être revoquée par la naissance ou survenance des enfans du Donateur.

IL faut rappeller ici les maximes du Droit, & refuter en même temps celles que les Docteurs Ultramontains tâchent d'établir, pour donner à l'Eglise & à la cause pie le privilege que les Loix Civiles & Canoniques n'ont donné qu'aux enfans legitimes & naturels du Donateur.

C'est un principe du Droit François, qu'encore que la Loy *si unquam*, qui textuellement ne regarde que l'affranchi & le patron, regarde neanmoins toutes sortes de Donataires sans en excepter aucun. *On a neanmoins consideré*, dit Ricard, *que la principale raison qui avoit donné lieu à la Loy, regarde la faveur des enfans, & la presomption tacite que le Donateur ne se fût point porté à se défaire de son bien, s'il eût prevû la naissance de ses enfans*, à l'égard de toutes sortes de personnes. Or il est indubitable que *qui totum dicit, nihil excludit*, & que le terme general n'admet aucune exception ni limitation ; donc l'Eglise & la cause pie étant comprises dans un corps composé d'un très-grand nombre de personnes, ne peut pas empêcher que l'enfant qui vient au monde après la donation faite par son pere ou par sa mere avant sa naissance, est en droit de la faire revoquer par le remede de la Loy *si unquam*, quelque faveur & quelque privilege que l'Eglise & la cause pie puissent avoir.

Ricard, t. 2. chap. 5. part. 3. n. 566.

Godefroy établit cette maxime en ces termes, *Sed & quivis alius præter patronum, quia in omnibus ratio hujus legis valet posita in pietatis conjectura* : cette raison & cette conjecture fondée sur la pieté du pere ne doivent-elles par l'emporter sur la faveur & le privilege de la cause pie ? Est-ce qu'on doit presumer que si ce pere avoit crû avoir des enfans dans la suite, qu'il eût fait une donation à l'une ou à l'autre ? Cette presomption doit sans doute prevaloir à leur privilege.

Nota I. ad L. si unquam.

La maxime de cet illustre Interprete est conforme aux Loix Canoniques, & principalement à celle où il est dit : *Quicumque vult exheredato filio hæredem facere Ecclesiam, quærat alium qui suscipiat quàm Augustinum : imò Deo propitio neminem inveniet.*

Can. quicumque 17. quæst. 4.

C'est sur cette Loy Canonique que Godefroy a fondé la Note sur la Loy *si unquam* conçûë en ces termes, *Quid si Ecclesiæ idem dicendum?* Hinc illud Augustini Can. ult. 17. Quæst. 4. *Si quis Ecclesiam hæredem instituat filio exhæredato, alium qui suscipiat, quærat, quàm Augustinum.* Quelle est la question que saint Augustin decide dans ce Canon ? Ne regarde-t-elle pas les donations faites à l'Eglise & à la cause pie ? Veut-il accepter celle qu'on lui propose au prejudice des enfans legitimes de celui qui étoit dans le dessein de faire une donation universelle de ses biens à la cause pie ? Ce grand Saint ne dit-il pas en termes precis qu'il ne peut pas y consentir, s'il est question d'exhereder son fils en donnant ses biens à l'Eglise, & qu'enfin personne ne voudra accepter une semblable donation ?

Nota H. ad Leg. si unquam.

Ricard qui cite ce Canon pour établir la question en faveur des enfans contre l'Eglise & la cause pie, dit ensuite : *Le Canon* quicumque 17. quæst. 4. *contient encore un fort bon argument en faveur de ceux qui défendent cette opinion. S. Augustin faisant mention en ce Canon d'une action memorable de saint Aurelius Évêque de Carthage, & comme un particulier qui avoit perdu l'esperance d'avoir des enfans, ayant donné tous ses biens à l'Eglise, ce saint Evêque auroit rendu au Donateur les biens que l'Eglise tenoit de sa liberalité après la naissance de quelques enfans qui lui seroient survenus.*

Ricard, t. 2. part. 3. chap. 5. sect. 2. n. 564.

Qu'est-ce que dit encore cet Auteur sur la même question dans une autre Section ? Voici comme il parle : *Je n'épargne pas aussi les donations faites à l'Eglise & pour cause pie, lorsque par les principes que nous avons marqué, il y a lieu de les y comprendre ; car je ne m'arrête pas a tout ce qu'ont dit les Canonistes pour ce regard, qui parlant pour leur interêt, ou craignant par une foiblesse honteuse de déplaire à ceux qui tiennent les premiers rangs dans l'Eglise, ont fait un monstre de la cause pie, & des Droits Ecclesiastiques, en les comblant de privileges imaginaires & sans raison contre la disposition même des saints Decrets & Canons.* Il rapporte ensuite le texte du Canon *Quicumque*, & ajoute : *Je ne vois pas aussi de raison solide, & qui merite quelque consideration, pour empêcher que la raison de la Loy ne puisse être appliquée aux donations pieuses, comme à toutes autres, & que l'on ne puisse presumer par la consequence des choses données, que le Donateur n'eût pas donné, même à l'Eglise, s'il eût prevû qu'il lui eût dû survenir des enfans.*

Ne seroit-ce pas Covarruvias, Prelat Espagnol, que Ricard designe, lorsqu'il parle des Canonistes ? voici ce qu'il dit pour soutenir la question qu'il traite, après avoir cité le Canon *Quicumque* : *Par jus est filiis & Ecclesiæ.*

Lib. 1. var. resolut. cap. 19. n. 5.

Mais quelque grande, quelque étenduë que soit la faveur de l'Eglise & de la cause pie, elle ne peut jamais l'emporter sur celle qui concerne les enfans du Donateur nez après la donation faite à l'une ou à l'autre, suivant Monsieur Tiraqueau *in Legem si unquam*, d'autant plus que cette Loy introduit une condition tacite, ainsi que nous l'apprend Ricard en ces termes : *Les Loix ne se sont point contentées d'approuver les conditions expresses que les Donateurs inserent dans les donations de cette qualité ; mais elles ont même employé leur art pour inventer une condition tacite, qu'elles ont voulu se presumer être dans toutes les donations entre-vifs.* Or cette condition tacite ayant été faite par les Loix en

Gloss. libertis, n. 63.

Tom. II. chap. 5. part. 3. n. 558.

en faveur des enfans legitimes du Donateur nez après la donation, contre toutes sortes de Donataires, sans excepter l'Eglise & la cause pie, on ne peut douter que la faveur des mêmes enfans est plus grande que celle de l'Eglise & de la cause pie, & que leur naissance ou survenance doit faire revoquer la donation qui a été faite à l'une ou à l'autre, de plein droit, & sans le ministere de l'homme.

La Glose sur le Canon *irascitur*, dit en termes exprès, que c'est chose très-honnête que l'Eglise rende aux enfans ce qui lui avoit été donné ; ce que l'on doit entendre de la donation qui lui avoit été faite par la disposition de la Loy *si unquam*, sans quoi l'Eglise ne seroit point obligée de rendre aux enfans du Donateur les biens compris dans l'acte de donation fait avant leur naissance ; parce que si la survenance des enfans du Testateur fait tomber la substitution qu'il avoit faite en faveur de l'Eglise ou de la cause pie avec la clause *si sine liberis*, ainsi qu'on ne peut en douter ; il faut aussi, suivant Papon, tenir pour maxime que la naissance des enfans legitimes du Donateur fait revoquer *ipso jure*, la donation faite à l'Eglise ou à la cause pie, avant qu'ils vinssent au monde.

13. quæst. 2

En son comment. sur la Loy *si unquam*, pag. 17. & 18.

Cet Auteur après avoir examiné toutes les questions où il fait voir que la faveur des enfans du Donateur l'emporte sur celle de l'Eglise & de la cause pie, ajoute : (en donnant raison de son opinion) *donc reste, que le respect & la cause des enfans est plus favorable que celle de l'Eglise.*

Papon *ibid.*

Enfin il n'est plus permis de soutenir que la donation faite à l'Eglise ou à la cause pie, est irrevocable, même après la naissance ou survenance des enfans legitimes du Donateur, parce que les Arrests du Parlement de Paris ont fixé la maxime contre cette irrevocabilité, ainsi que le remarque Carondas en ses reponses, & Monsieur le Prêtre, qui rapportent les Arrests : de sorte que maintenant on peut dire sur cette question contre les Auteurs qui tiennent pour les donations faites à l'Eglise ou à la cause pie, au préjudice des enfans legitimes du Donateur nez après ces donations : *Res judicata pro veritate habetur.*

Lib. 8. Cent. 2. chap. 11. pag. 414.

CHAPITRE X.

Si les donations faites dans les Contrats de Mariage des Donataires, peuvent être revoquées par les dispositions de la Loy si unquam.

IL semble d'abord que les donations faites dans les Contrats de mariage des Donataires, qui sont les actes les plus solemnels de la vie de l'homme, soient irrevocables, & que la naissance ou survenance des enfans legitimes des Donateurs après les donations, ne puissent leur donner atteinte.

Cependant il est certain que quelque grande que soit la faveur du mariage, elle n'empêche point la revocation des donations ensuite de la naissance des enfans legitimes du Donateur. La Loy *si unquam* ne fait aucune distinction des donations, soit avant, soit après, ou lors du mariage des Donataires : c'est une maxime constante en Droit, qui nous est apprise par Godefroy, que la revocation *valet in omnibus, & idem jus in omnibus statuendum* ; ensorte que les donations, telles qu'elles puissent être, même celles qui sont contenuës dans les Contrats de mariage des Donataires, étant comprises dans la disposition de la Loy, elles sont sujettes à la revocation ordonnée par cette Loy.

Nota 1 ad Leg. si unquam.

Monsieur le President Boyer examinant cette question, dit encore la même chose, mais en termes plus forts. Voici comme il s'explique : *Secus si aliquis donaverit alicui matrimonium contrahenti, ut in casu præsenti, tunc habet locum dicta Lex* si unquam, *& sic intelligitur prima opinio quòd revocetur donatio in tali contractu matrimonii facta.*

Quæst. 159. n. 11.

Le Docteur Alexandre est si precis & si formel sur la revocation d'une semblable donation, que l'on ne peut se dispenser de rapporter ici son opinion. Ce Docteur dit qu'une dot faite par un étranger à une fille qui n'est ni sa parente, ni son alliée, dans son Contrat de mariage, est revoquée par la survenance des enfans legitimes de celui qui a constitué cette dot ; parce que cette constitution est une veritable donation que ce pere n'auroit point faite, s'il avoit cru avoir des enfans dans la suite : de sorte qu'il doit demeurer pour constant que la dot qu'il a faite à cette fille, est revoquée

Lib. 4. cons. 21.

de plein droit, *& sine facto hominis*, par la naissance ou survenance des mêmes enfans après la constitution de dot.

L'opinion d'Alexandre a été suivie & confirmée par la Jurisprudence des Arrests. Monsieur le President Boyer en rapporte un qui l'a jugée en termes precis. Il y en a plusieurs autres dans Papon, qui ont decidé la même chose, aussi bien que dans M. le Prêtre, *Cent.* 2. *chap.* 11. Monsieur Loüet & son Commentateur, *Lettre D. som.* 52. en citent encore un grand nombre qui ont établi cette maxime : d'où il s'ensuit, qu'on ne peut mettre en doute qu'une donation, quoique comprise dans un Contrat de mariage, n'est point revoquée par la naissance des enfans du Donateur, parce qu'on ne peut la combattre sans s'opposer à une infinité d'Arrests qui l'ont fixée, établie, consacrée pour le bien, le repos & la sûreté des familles.

Quæst. 159.

Liv. 11. tit. 1. Arrests 19. 20. & suivans.

Le Parlement de Toulouse a toujours jugé de la sorte toutes les fois que la question s'est presentée, quelque specieuses que parussent les raisons du Donataire par son Contrat de mariage. Les Arrests & les motifs sont rapportez avec beaucoup d'exactitude & dans toutes leurs circonstances, par Maynard & la Rocheflavin. Mais si la donation dans un Contrat de mariage étoit faite par une femme enceinte, & même avancée dans sa grossesse, seroit-elle revoquée par la survenance de l'enfant ? On ne peut pas dire d'une semblable Donatrice, *non cogitaverat de liberis.*

Liv. 4. chap. 12. & Liv. 6. chap. 61. & la Rocheflavin liv. 2, tit. 7. Ar. 1.

Maîtres Gueret & Blondeau, dans le Journal du Palais, rapportent un Arrest qui a jugé cette question. La naissance de cet enfant prévalut à tout ce que le Donataire pouvoit alleguer pour empêcher la revocation de cette donation.

Tom. I. de la derniere Edit. page 436.

Il paroît donc par tout ce qu'on vient d'établir, que quelque grande que soit la faveur d'un Contrat de mariage, elle ne peut jamais rendre la donation irrevocable, quand elle a été faite avant la naissance ou survenance des enfans du Donateur.

On finira ici l'examen de cette question par l'autorité de Maître Jean-Marie Ricard, qui après avoir réfuté l'opinion contraire, s'explique en ces termes : *Neanmoins l'on a mieux consideré d'autre part, qu'on ne doit pas écouter les sentimens d'une personne qui proposeroit lui même sa turpitude, & n'être entré en la participation d'un Sacrement, que par un esprit de venalité ; & quoique ce soit, que si semblables donations étoient revocables de leur nature, comme elles le sont sans difficulté, puisqu'en cette rencontre il faut considerer la personne du Donateur qui de sa part a fait une action toute liberale, & qui n'a pour objet que sa bonne volonté.* Cet Auteur appuye ensuite son sentiment sur un grand nombre d'Arrests ; & il ajoute : *De sorte que cette decision est maintenant tellement établie dans notre Jurisprudence, que ce seroit soutenir un paradoxe, que de pretendre à present le contraire.*

Tome II. part. 3. ch. 5. n. 607.

On voit donc ici évidemment combien est grande la faveur des enfans legitimes du Donateur nez après la donation faite dans le Contrat de mariage du Donataire, puisque la sainteté du Sacrement ne peut fournir aucun moyen ni aucun privilege à ce Donataire pour s'opposer à la revocation de la donation ordonnée par la Loy *si unquam.*

CHAPITRE XI.

Si le mariage du Donateur lors de la donation, peut empêcher la Loy si unquam *d'avoir son effet.*

LA principale question que l'on va traiter, consiste à sçavoir si la donation faite par le Contrat de mariage du Donateur, peut empêcher l'effet de la Loy *si unquam*, pour faire revoquer la même donation par la naissance des enfans legitimes qu'il a eus depuis qu'il a fait cette liberalité.

Du Moulin avance l'affirmative. On va faire voir qu'on ne peut, sans blesser les plus purs principes du Droit Civil, embrasser ni soutenir l'opinion de ce grand Jurisconsulte François. *

De donat. in contract. matrim. fact.

* Quoiqu'en dise l'Auteur, le sentiment de du Moulin a ses partisans. Dans les Coutumes où les conjoints par mariage ne peuvent se rien donner, les donations faites par le Contrat de mariage, loin d'être une renonciation tacite au benefice de la Loy *si unquam*, ne sont jamais reputées être faites au futur conjoint, qu'au cas qu'il ne naisse point d'enfans du mariage. Ainsi dans ces Coutumes avoir donné au futur conjoint par Contrat de mariage, n'est pas *cogitavisse quidem de liberis, & eis Donatarium prætulisse* ; c'est seulement avoir crû qu'il étoit possible qu'il n'en surviendroit point.

On doit remarquer pour cela qu'il ne faut point confondre les donations faites dans le Contrat de mariage du Donateur, avec celles qu'il peut faire dans les premieres années de son mariage.

A l'égard des premieres donations, elles sont indubitablement irrevocables.

En effet, n'est-il pas vrai qu'il paroît d'abord que le Donateur dans son Contrat de Mariage, faisant une donation universelle, ou de la plus grande partie de ses biens, est dans la pensée prochaine d'avoir des enfans? De ce principe que l'on ne peut contester, ne suit-il pas necessairement qu'elle ne sçauroit être revoquée par la naissance ou survenance des mêmes enfans, parce que le Donataire est en droit de lui opposer, que *cogitavit de liberis*, lorsqu'il lui a fait cette donation, & qu'ainsi il est non-recevable & sans action, pour la faire revoquer par le privilege de la Loy *si unquam?*

Papon est le premier de nos Auteurs François, qui ait tenu l'opinion de l'irrevocabilité d'une pareille donation: *Autre chose sera*, dit-il, *s'il donne en Contrat de Mariage, lors vraisemblablement il a pensé aux enfans qui pouvoient naître de ce Mariage, comme tiennent les Docteurs par le texte*, en l'Authent. de æqualit. dot. *au commencement. Cette opinion est fort bonne; car aussi la cause & principale fin du Mariage, c'est pour avoir lignée, comme on dit* en la Loy 1. ff. solut. matrim. *& par ainsi en ce cas ladite Loy* si unquam *n'aura point lieu; & certes s'il y a saison & tems de penser aux enfans qu'on peut avoir, c'est lors ce me semble qu'on se marie, à quoi on ne s'emancipe & assujettit à autre fin que pour en avoir.* Papon en son Comm. sur la Loy *si unquam*, pag. 3.

Cet Auteur parle encore en termes plus clairs, quelques lignes plus bas. *Secondement*, continue-t-il, *lors qu'on dit que ceux qui font donation en Contrat de Mariage, ou constitution de dot, sont reputez penser aux enfans qui en peuvent naître, cela s'entend de ceux qui se marient ensemble.*

Il paroît par la maxime que Papon établit, que le Donateur qui dans son Contrat de Mariage fait une donation à un étranger, a non seulement pensé à ses enfans à naître du même mariage, mais qu'il a voulu leur preferer son Donataire: de sorte qu'après une pareille donation, on ne voit pas qu'il puisse être reçû à la faire revoquer, lors qu'il aura des enfans, par la disposition de la Loy *si unquam*, parce que son Donataire est fondé de lui opposer cette fin de non-recevoir, prise de ce qu'il a pensé aux enfans, qu'il pourroit avoir dans la suite, lors qu'il lui a fait cette donation.

Ricard tient la même opinion que Papon. Voici ses termes: *Il faudroit qu'on me fît remarquer un grand aveuglement en la personne de celui qui auroit donné en cet état, pour me faire juger qu'il dût joüir du remede de notre Loy, vû que la presomption est violente en ce cas, contre le motif de la Loy, qui n'ayant été faite que pour suppléer à la prévoyance des hommes, qui se voyant éloignez de la procreation des enfans, font indiscretement largesse de leurs biens, ne peut pas être apliquée en ce cas, puisque le Donateur alloit faire une action, qui n'a pour but principal que de mettre des enfans au monde.* Et dans un autre endroit, refutant l'opinion de du Moulin, il marque le fondement de sa résolution. *Quoique ce soit*, dit-il, *qui veut connoître l'effet de la Loy, doit s'attacher à sa raison; tellement que comme les Docteurs, & ceux qui ont écrit sur notre Loy, tiennent d'un commun consentement, que son motif est de suppléer au defaut de prévoyance de celui qui a donné, sans songer à la naissance des enfans qui lui devoient survenir, il n'y auroit nulle apparence de la vouloir étendre en ce cas, où la présomption est plus evidente & plus claire que le jour, que le Donateur a disposé avec la vûe des enfans qui lui devoient naître.* Part. 3. ch. 5. sect. 3. n. 590. t. 2. *Idem, ibidem*, n. 591.

Quel a donc été l'aveuglement de du Moulin, de tenir l'opinion contraire à celle de tous les Docteurs? Quel sens, quelle interpretation ce grand Jurisconsulte a-t-il voulu donner à la Loy *si unquam?* Comment a-t-il pû avancer, avec quelque ombre de raison, que quand on fait donation de ses biens, par son Contrat de Mariage, le Donateur *non cogitavit de liberis*, puisque la fin que l'on se propose en se mariant, est d'avoir des enfans? Quelle est, encore une fois, la prévention qui a porté cet illustre Docteur à donner à cet homme, qui par son Contrat de Mariage se dépoüille volontairement de ses biens, pour les transporter à un étranger, le droit de faire revoquer cette donation? On ne voit pas sur quel fondement il a embrassé l'affirmative.

& avoir en ce cas disposé de son bien en faveur de l'autre des futurs conjoints dans le dernier des instans auquel il étoit permis de le faire: car dès celui du mariage, cette faculté de donner à son conjoint, cesse totalement. Cette decision est fondée sur l'usage universel de la Coutume de Paris. Aussi dans les Contrats de mariage qui portent une donation, ne manque-t-on guéres d'inserer cette clause, que, *où la donation deviendroit invalide par la survenance des enfans, elle reprendroit sa force & vigueur au cas que lesdits enfans prédecedassent le Donataire, ou en minorité, ou sans hoirs de leurs corps, &c.*

En effet, Monsieur le President Boyer tient pour cette irrevocabilité : *Quando quis*, dit-il, *in suo matrimonii contractu donavit, quòd tunc non habeat locum Lex* si unquam, *quia de liberis ex eo matrimonio procreandis cogitasse videtur*. Ce sçavant & illustre Magistrat appuye son opinion de celle de plusieurs Docteurs qu'il cite & concilie avec les autres, qui semblent être pour la negative.

Quest. 159. *n.* 10.

Du reste, il n'est rien de plus facile à comprendre pourquoi la donation faite dans son Contrat de mariage, est irrevocable ; n'est-ce pas parce que le Donateur renonce pour lors tacitement au benefice de la Loy *si unquam*, tant pour lui que pour les enfans qu'il pourroit avoir dans la suite ? Que peut-il après cette renonciation alleguer, pour reclamer en sa faveur la disposition de cette Loy ? N'a-t-il pas eu le temps de reflechir sur ce qu'il alloit faire dans son Contrat de mariage ? Quelle action peut-il avoir après sa renonciation, pour rendre cette donation revocable, lui qui ayant le loisir de penser à la fin qu'il s'est proposée en se mariant, a neanmoins fermé les yeux sur les suites funestes qu'elle peut avoir pour lui & pour ses enfans à naître ?

Lettre D. n. 9. Quest. 70. Arrest 99.

Nos Arrêtistes rapportent une infinité d'Arrests, qui ont jugé que semblables donations étoient irrevocables. Il y en a plusieurs dans M. Bouguier, dont il marque les veritables circonstances. Chenu en cotte encore d'autres, aussi bien que Monsieur de Montholon.

Tom. 1. liv. 4. chap. 18.

Du Fresne dans son Journal des Audiences en cite un rendu dans une espece infiniment plus favorable, qui est celle d'une donation faite à la veille du mariage du Donateur, laquelle ne peut pas être revoquée par la naissance des enfans du Donateur après la donation ; d'où il s'ensuit, que si une pareille donation a été revêtuë du caractere d'irrevocabilité, avec combien plus de raison celle qui est faite dans le contrat de mariage du Donateur, doit-elle être regardée comme irrevocable, puisqu'elle est faite dans une conjoncture où celui qui fait cette donation est censé avoir pensé aux enfans qu'il pourroit avoir dans la suite, *& cogitasse de liberis procreandis* ?

Pag. 416. *& seqq.*

M. le Prêtre rapporte un Arrest avec les raisons avancées de part & d'autre au Parlement de Paris, qui a jugé la question *in terminis*, contre le Donateur, pour l'irrevocabilité de la donation, nonobstant la naissance des enfans survenus après s'être dépoüillé de ses biens par son Contrat de mariage.

Tom. 2. part. 3. ch. 5. n. 586.

Enfin Ricard en cotte un dernier, qui a jugé qu'une donation faite à une fille naturelle par son pere, la veille qu'il se devoit marier, de 250. liv. de rente par an, à la charge que le fonds de la rente appartiendroit à sa mere, au cas qu'elle vînt à mourir la premiere, n'étoit pas revoquée par la naissance des enfans qu'il avoit eûs dans la suite. Ce qui est sans doute fondé sur cette grande & excellente maxime de Droit, *frustra implorat legis auxilium, qui in legem peccat* : car pourquoi le Donateur qui a fait une donation par son Contrat de mariage, veut-il esperer de joüir du privilege de la Loy *si unquam* ? Ne s'en est-il pas rendu indigne ? Peut-il implorer le secours d'une Loy qu'il a violée lui-même par sa renonciation au benefice de cette Loy ?

CHAPITRE XII.

Si le Donateur qui n'esperoit plus avoir des enfans, ou qui croyoit qu'ils ne fussent plus en vie, peut faire revoquer la donation par la disposition de la Loy si unquam, *à cause de la survenance d'un enfant après la donation, ou par le retour de ceux qu'il avoit crû n'estre plus en vie.*

Les deux questions que l'on va traiter dans ce Chapitre, sont des plus notables que l'on puisse former sur la Loy *si unquam*. On les examinera l'une après l'autre, suivant l'ordre que l'on s'est proposé.

Tom. 2. part. 3. ch. 5. sect. 3. n. 588.

La premiere question est decidée par l'opinion de Ricard, qui tient pour la revocation. *J'estime*, dit-il, *que si le Donateur ayant été long-tems marié sans avoir eu des enfans, avoit sujet de croire dans la vrai-semblance & dans l'apparence des choses, qu'il n'en devoit* pas

pas avoir, que s'il lui en survient, il ne laissera pas de pouvoir revoquer la donation qu'il a faite pendant le tems auquel il étoit apparemment hors d'esperance d'avoir des enfans ; & il cite ensuite pour fortifier son opinion, la Loy des Lombards, & un Arrest du Parlement de Provence, du 9. Février 1583. rapporté par M. le President de S. Jean, rendu dans l'espece d'un homme qui ayant été marié pendant 40. ans sans avoir d'enfans, avoit fait à un neveu de sa femme, en recompense de services, donation du tiers de ses biens, avec renonciation à la Loy *si unquam*: nonobstant cela le Parlement jugea qu'il y avoit lieu de la revoquer jusqu'à concurrence de ce qui excedoit les services, en consequence des enfans qui lui étoient survenus d'un second mariage, après le decès de sa premiere femme. Quoi, tant de précautions prises par un Donataire n'ont pû faire déclarer le Donateur non-recevable à faire revoquer la donation ! Quoi, la naissance des enfans du second lit a eu la faveur de rendre inutile & sans effet cette donation ! Peut-on douter après cela que la faveur des enfans & les Loix du sang & de la nature qui parlent pour eux, doivent toujours l'emporter sur un Donataire étranger, & faire revoquer la donation que leur pere a faite dans un tems où il avoit perdu toute esperance d'avoir des enfans? Décis. 35.

Paul de Castro confirme l'opinion de Ricard, en ces termes : *Si lors de la donation le Donateur avoit des enfans qui lui étoient odieux, & qu'il n'esperât plus d'en avoir d'autres dans la suite, c'est la même chose que s'il n'en eût point eu, & qu'on doit croire que s'il eût prevû & pensé en avoir d'autres plus agreables que les premiers, il n'eût pas fait donation de ses biens.* Il paroît par la doctrine de cet Auteur, que celui qui a perdu toute esperance d'avoir des enfans dans la suite, ayant démeuré un long espace de tems sans en avoir, s'il fait une donation de tous ou d'une partie de ses biens, dans cette conjoncture, soit à cause de son grand âge, soit à cause du grand nombre d'années qui se sont écoulées sans qu'il lui fût survenu un enfant, celui-là, dit-on, s'il vient à en avoir dans la suite, quoiqu'après la donation, joüit du privilege de la Loy *si unquam*, qui le decide par ces paroles du texte : *Filios non habens, postea susceperit liberos*; termes qui ont trait de tems pour l'avenir, soit à cause du mot *postea*, soit à cause qu'ils sont indéfinis ; d'autant plus que cette Loy s'explique d'une maniere generale : *Postea susceperit liberos*, & qu'ainsi *generaliter est accipienda.* Paul de Castro, liv. 1. *Cod. de inoffic. don.*

La seconde question reçoit encore moins de difficulté que la premiere.

Papon la decide en termes précis : *Si le Donateur a enfans*, dit-il, *lors de la donation, mais il ne pense point en avoir, pource que il estime que ils soient morts, ou bien ne sçait pas que sa femme en ait fait aucun, certes par la nativité d'iceux la donation sera revoquée ; car si la donation est revoquée par les enfans qui viennent après, suivant la conjecture qu'on fait de l'intention du Donateur, que s'il eût pensé avoir enfans après, vraisemblablement il n'eût pas donné ; à plus forte raison la donation, qu'il fait ignorant qu'il ait enfans, doit être revoquée, laquelle vrai-semblablement il n'eût faite, s'il eût pensé lors avoir enfans.* Cette maxime est d'autant plus certaine, que *conjecturâ pietatis*, on ne peut présumer que le Donateur, s'il avoit crû avoir des enfans lors de la donation, ou qu'il pourroit en avoir dans la suite ; on ne peut, dis-je, présumer qu'il eût voulu preferer un étranger à ses enfans qui sont appellez à sa succession par les Loix du sang & de la nature, selon cet axiome de Droit : *Nemo præsumitur alienam sobolem propriæ anteponere ;* d'où il suit que toutes ces conjectures réunies ensemble doivent faire joüir le Donateur du privilege de la Loy *si unquam*, dans l'un & l'autre cas. En son Comment. sur la Loy *si unquam*, pag. 25.

Ricard est du même avis que Papon. Voici comment il s'explique : *Il en faut dire de même, si le Donateur croyoit avoir perdu les enfans qu'il avoit mis au monde ; le retour inopiné de ces enfans est une veritable renaissance qui favorise la pensée du pere, qui n'a donné ses biens qu'après avoir perdu l'esperance de laisser des heritiers en ligne directe.* On voit par les paroles de cet Auteur, que le seul motif qui porte un homme marié à faire donation universelle de ses biens, ou d'une grande partie, est fondé sur la pensée qu'il avoit de n'avoir point d'enfans, ou que ceux qu'il avoit étoient morts ; ensorte que dès qu'il en met un au monde après la donation, ou que l'enfant qu'il avoit crû mort, revient d'un voyage d'outre mer, dans le tems que le Donateur n'en avoit plus d'esperance, son retour inopiné le fait joüir du benefice de la Loy *si unquam*, pour faire revoquer la donation, qu'il n'auroit sans doute pas faite à son préjudice, s'il avoit crû qu'il fût encore en vie, après une si longue absence, pendant laquelle il avoit fait cette donation. Tom. 1. part. 3. ch. 5. n. 596.

En effet, Angelus dans un de ses Conseils decide, que *c'est la même chose de n'avoir point d'enfans, ou d'en avoir & ne le sçavoir pas* : ce qui est d'autant plus indubitable, que si un pere croyant n'avoir plus d'enfans, plusieurs de ceux qu'il avoit mis au monde Cons. 128

étant morts, & que l'un d'eux qui étoit absent depuis très-long-tems fût censé mort; si ce pere, dit-on, dans cette croyance faisoit son Testament, où il eût oublié de nommer ce fils absent, & qu'il vînt à deceder avant son retour du voyage qui l'avoit obligé à quitter la maison de son pere; n'est-il pas certain que le retour du fils feroit casser son Testament, selon l'Authentique *Ex causa*, au Code *de liber. præterit. vel exhæredat.* & la Novelle de l'Empereur Justinien 115. *cap.* 2. où il decide la question, en ces termes: *Sancimus igitur non licere penitus patri vel matri, avo vel aviæ, proavo vel proaviæ, suum filium vel filiam, vel cæteros liberos præterire, aut exheredes in suo facere testamento?* Le retour de ce fils absent ne seroit-il pas un équivalent à la naissance du posthume qui sert de fondement à la cassation du testament de l'un des ascendans, qui ne l'auroit pas nommé dans cette disposition? Comment pourroit-on croire après cette decision, que ce retour arrivé depuis que le pere a fait donation de ses biens pendant l'absence de son fils, ne fasse pas revoquer une donation par la disposition de la Loy *si unquam*?

CHAPITRE XIII.

Si la donation faite à un enfant par le pere, est revoquée par la naissance ou survenance des autres enfans.

Nota H. ad Leg. si unquam.

Bart. in L. Titia, §. Imperator, ff. de legat. 2. & Jason cons. 171. col. 2. vers. non obstat, vol. 4. Quæst. 159. n. 17.

IL semble que les Docteurs soient partagez sur cette question.

Godefroy a tenu pour la negative en ces termes: *Quid si uni filiorum parens omnia donavit, huic constitutioni locus non est; sed L. 2. tit. 5. de inoffic. donat. cum donatio superiore casu in solidum non revocetur fini legitimæ.* Il cite pour appuyer son sentiment, Julius Clarus, 4. *sentent.* §. *donatio*, *quæst.* 22. *vers.* 2. Barthole dit encore la même chose, aussi-bien que Jason.

Mais Balde s'est déclaré pour l'opinon contraire sur la Loy 1. *de inoffic. donat.* disant que la Loy *si unquam* a lieu au regard de la donation faite à l'un des enfans du Donateur lors de sa naissance. Monsieur le President Boyer a suivi l'opinion de Godefroy, de Barthole & de Jason; convaincu de sa verité par un grand nombre d'autoritez qu'il cite pour établir son sentiment.

Cod. de inoffic. donat.

Quoiqu'il en soit de ce contraste, je crois que le meilleur parti * qu'on puisse prendre, est de se déclarer du côté de Godefroy & des autres Docteurs, qui ont décidé que *beneficium Legis si unquam* ne peut pas s'appliquer à une semblable donation pour en produire la revocation après la naissance ou survenance des autres enfans du Donateur: 1°. Parce que la Loy *si totas* y est expresse, & qu'on ne peut donner un autre sens à la décision qu'elle contient; car elle s'explique clairement: *Si totas facultates tuas*, disent les Empereurs Diocletien & Maximien dans cette Loy, *per donationes vacuas fecisti, quas in emancipatos filios contulisti, id quod ad submovendam inofficiosi testamenti querelam non ingratis liberis, relinqui necesse est ex factis donationibus detractum ut filii vel nepotes ex quocumque matrimonio nati debitum consequantur.* Est-il dit un seul mot dans ce texte de la revocation pour le tout de la donation faite avant la naissance des autres enfans, après qu'elle a été marquée par le benefice de la Loy *si unquam* pour

* L'Auteur n'a pas embrassé dans ce Chapitre le parti le plus à la mode; aussi les raisons sur lesquelles il se fonde, portent à faux. Comment voudroit-il que la Loy *si totas*, qui est de l'an 286. fît mention de la Loy *si unquam*, qui est de l'an 355? Il est vrai que Justinien les ayant toutes deux inserées dans son Code, n'a point formé de dérogation à la premiere en faveur de la seconde. Mais on sçait qu'alors la Loy *si unquam* étoit bornée selon son Texte aux donations qu'un Patron faisoit à ses affranchis. Il étoit donc impossible que le cas proposé dans ce Chapitre pût être décidé par cette Loy du tems de Justinien. Mais depuis que par une sage interpretation cette Loy a été appliquée à toute sorte de donations, n'est-il pas plus naturel de la prendre dans son universalité, *totum quidquid largitus fuerat*, & d'y comprendre aussi-bien la donation faite à un fils, qu'à un étranger? Il est assez ordinaire que l'affection paternelle souffre un partage inegal *inter liberos existentes*; mais il est impossible de soutenir qu'un pere aime mieux un fils aîné, par exemple, qu'il n'aimera celui qui pourra lui naître dans la suite. On ne peut neanmoins exclure la donation faite à ce fils du benefice de la Loy, qu'en supposant que ce pere le prefere aux enfans qui pourroient lui survenir, & dont il ne connoît ni le merite, ni l'excellence. Qu'il soit donc permis à l'Auteur de suivre les respectables autoritez qu'il cite; mais taxer d'imprudence le sentiment contraire, la censure est un peu trop forte.

un autre cas ? Ces enfans ne sont ils pas obligez de se reduire à la legitime jusqu'à concurrence de laquelle la donation doit être diminuée ? & l'Empereur Justinien a-t-il revoqué cette Loy *si totas*, pour donner aux autres enfans du Donateur (ausquels il a pensé lorsqu'il a fait cette donation ,) d'autre privilege plus grand par une Loy posterieure ? Qu'on ait la bonté de me l'indiquer , & je proteste de me déclarer aussi-tôt pour l'affirmative en faveur des autres enfans.

Godefroy que l'on a déja cité, entrant parfaitement dans l'explication des Loix qu'il a sçavamment interpretées , dit : *Donatio inter vivos immensa revocatur ad similitudinem donationis immensæ testamento relictæ.* Cet Interprete n'en demeure pas là ; car il ajoute dans une autre Note : *Inofficiosas donationes in eo differre ab inofficioso testamento, quòd in hoc donata revocantur in solidum ; in illis id tantum rescinditur & revocatur , quo minuitur portio debita liberis.* *Nota S. ad L. 2. Cod. eod. tit.* *Nota K. ad L. 5. Cod. eod. tit.*

La decision de la Loy *si totas*, est encore continuée & confirmée par la Loy 1. Cod. *de inoffic. don.* dans ces mots, *quartam partem non habentibus ;* & Godefroy qu'on vient de citer , dit dans une autre de ses Notes, *collatas donationes in liberos , liberi postea suscepti non revocant in solidum , sed pro ratione falcidiæ.* Enfin sur la Loy 5. il ajoute : *In illis id tantùm rescinditur & revocatur , quo minuitur portio debita liberis.* Qu'est-ce qu'on doit entendre par ces mots , *portio debita liberis* ? N'est-ce pas la legitime ? Peut-on leur donner un autre sens ? Pourquoy donc voudra-t-on que la donation faite à un enfant par son pere de tous ses biens, puisse être revoquée pour le tout lors de la naissance des autres enfans par le privilege de la Loy *si unquam* , tandis qu'elle ne peut l'être suivant la Loy *si totas* 5. que jusqu'à concurrence de leur legitime ? *Nota O. ad L. 7. Cod. eod. tit.* *Nota K ad d. L. 5.*

D'ailleurs puis-je être blâmé de suivre la negative sur cette question après Godefroy, Barthole, Jason , & le sçavant Monsieur Cujas qui l'a embrassée ? Est-ce que l'autorité de ce Jurisconsulte François ne doit point prevaloir à celle des Docteurs qui tiennent pour l'affirmative ? De quel poids n'est point parmi nous l'opinion de Monsieur Cujas dans les questions qui doivent être decidées par le Droit Romain ? Sur la Novelle 92. *Cap. 1.*

Qu'on lise , qu'on fasse attention à la Novelle 92. de l'Empereur, on y verra la question finie , jugée , & decidée en termes precis pour la negative que j'ai embrassée. *Unicuique filiorum* , dit-il , *servare ex lege partem quanta fuit priusquam donationem pater in filium aut filios , quos ea honoraverit , faceret.* Peut-on decider la question pour la negative en termes plus clairs que Justinien dans cette Novelle ? Y est-il parlé de la revocation de la donation pour le tout ? Cet Empereur ne veut-il pas au contraire qu'elle ne soit retranchée que jusques à concurrence de la legitime des autres enfans qui sont venus au monde après que le Donateur s'est dépoüillé de tous ses biens en faveur de son premier enfant lors de sa naissance ? N'est-ce pas de cette Novelle qu'a été tirée l'Autentique *unde & si parens.* Cod. *de inoffic. testam.* En un mot , Godefroy ne dit-il pas sur cette Autentique , *immensa donatio in unum ex liberis collata , ad legitimam revocatur , non ultrà ?* Et sur le chapitre 1. de la Novelle qu'on vient de citer , voici sa remarque : *Priori casu (id est post liberos susceptos) donationes factæ à parentibus vel extraneo , vel uni liberorum à reliquis liberis defuncti , non rescinduntur , nisi pro modo falcidiæ tantùm.* *Nota F. ad d. Auth.* *Nota C. ad cap. 1. Novell. 92.*

Enfin quel est l'Avocat qui seroit assez imprudent pour suivre l'opinion de Ripa , qui tient que la naissance des autres enfans du Donateur fait revoquer la donation faite à l'un d'eux avant leur naissance ? Oseroit-il abandonner ou plutôt enfraindre la Loy *si totas* , l'Autentique *unde & si parens* , & la Novelle 92. chapitre 1 ? Voudroit-il combattre l'opinion de Godefroy , de Barthole , Angelus , Paul de Castro , & de Imola , *in cap. ultim. de donat.* Comment pourroit-il se tirer des raisons qu'alleguent à ce sujet Joannes Andreas , Alexandre Cornée , & Tiraqueau dans son Commentaire sur la Loy *si unquam* ? En un mot sur quoi pourroit-il appuyer son opinion après tout ce que dit le sçavant Covarruvias pour défendre sa decision des divers textes de Loix que l'on a rapportez avec exactitude. C'est donc un vrai paradoxe de tenir l'affirmative à l'exemple de Ripa & des autres Docteurs qui l'ont suivie , puisque la Loy *si unquam* ne decide rien pour les autres enfans nez après la donation faite par leur pere à leur frere qui est venu au monde avant eux. Sur la Loy *si unquam quæst. 47.* *Cons. 11. col. ult. lib. 3.* *Lib. 1. cap. 19.*

CHAPITRE XIV.

Si on peut renoncer au benefice de la Loy si unquam, *& si on peut être restitué envers cette renonciation.*

CEtte question a partagé les Docteurs, les uns ayant tenu pour l'affirmative, & les autres pour la negative: on tâchera de l'eclaircir, pour ne laisser aucun doute sur l'opinion qu'on doit suivre.

Nota A. ad L. si unquam. Lib. 5. observat. 63.

Godefroy decide la question en très-peu de mots : *Quid si parens*, dit-il, *specialiter juramento interposito renunciavit hujus legis privilegio ? Non impeditur revocatio.* Minsinger tient encore la même opinion : ce qui porte Godefroy à dire, après avoir examiné la doctrine de cet Auteur : *Probo Minsingeri opinionem, idque eo magis, quòd juramentum ejusmodi naturam Legis impugnet, ideoque bonis moribus contrarium, & illicitum esse debeat.*

Cons. 269.

Quæst. 159. n. 7.

Oldrat est du même sentiment que Godefroy & Minsinger, & ce qu'il dit est appuyé de l'autorité d'Alberic de Rosat, de Socin dans son *cons.* 22. *n.* 7. *vol.* 4. de Ludovicus Romanus, de Cornée, *cons.* 30. *vol.* 4. d'Alexandre, *cons.* 71. *col.* 2. *in fin. vers. Nec juramentum appositum*, *lib.* 4. de François Aretin, *cons.* 24. *in* 1. *dub.* de François Curtius, *cons.* 1. *col.* 3. *vers. sedistis nonobstantibus*, & de Monsieur le President Boyer; ensorte que cette question appuyée de tant d'autoritez, ne paroît point recevoir aucune contestation.

ff. de legat. 2. in L. 1. Cod. de inoffic. donat.

Cependant Barthole en la Loy *Titia*, §. *Imperator*, & Balde, tiennent l'opinion contraire, sur ce qu'ils supposent que la revocation qui se fait par le remede de cette Loy, vient de la volonté presumée du Donateur.

Quæst. 22. vers. tertio infertur.

Julius Clarus dit à peu-près la même chose; car il pose pour maxime inviolable, que si le Donateur renonce specialement au benefice de la Loy *si unquam*, étant majeur, sa renonciation est bonne, mais non celle du mineur. Ce Docteur est suivi de Messieurs Tiraqueau & Cujas, *observat. lib.* 20. *cap.* 5.

In præf. n. 87. & seq. De donat. in contr. matrim. fact. n. 33. Quest. 191. & sur la Cout. de Nivern. tit. des donat. art. 13. Des donat. t. 1. part. 3. ch. 5. n. 574.

D'un autre côté, du Moulin tient pour la restitution envers la renonciation au remede de la Loy *si unquam*, où il dit, *que dans les regles on ne peut renoncer à la Loy* si unquam. Coquille a embrassé nettement l'opinion de ce Docteur, de même que M. le President de Saint Jean, *decis.* 33. *n.* 4.

Cette derniere opinion paroît d'autant plus juste & plus conforme à l'esprit des Legislateurs, & à la disposition de la Loy, qu'elle est défenduë & établie par Ricard. *J'ai nonobstant ce raisonnement*, dit-il, *grande inclination de suivre la premiere opinion : outre qu'elle me paroît beaucoup plus équitable, elle me semble aussi mieux fondée en raison ; car quoiqu'il soit en la liberté du pere de se servir ou non du benefice de cette Loy, lorsque le cas est arrivé, & que la benediction Ciel lui a envoyé des enfans, je ne crois pas qu'il puisse y renoncer de la même sorte au tems de la donation, & auparavant que la cause qui donne lieu à la revocation, soit ouverte, c'est-à-dire avant qu'il ait mis des enfans au monde.* Est-il quelque raison plus juste ou mieux fondée que celle sur laquelle cet Auteur établit son opinion? La conjecture de la pieté paternelle ne parle-t-elle pas en faveur des enfans du Donateur au moment qu'ils viennent au monde ? Et peut-on presumer que le pere eût renoncé à la Loy *si unquam*, s'il avoit crû avoir des enfans legitimes après la donation, pour transporter ses biens à une famille étrangere au prejudice de ses enfans ?

Decis. 3.

Ricard *ibid.* n. 586.

Aussi le même Ricard poussant son raisonnement encore plus loin, ajoute, après avoir refuté l'opinion des Docteurs qui tiennent la negative : *J'ai cet avantage, que pour soutenir mon opinion, les Arrests qui ont été donnés à ce sujet, sont à peu-près conformes à cette resolution*; & il en rapporte trois parmi lesquels est celui du 6. Mars 1563. rendu par le Parlement de Provence, dont Monsieur de Saint Jean fait mention dans ses decisions, auquel il dit avoir présidé. Après quoi cet Auteur continuë de prouver ce qu'il a deja avancé en ces termes : *Et encore avec cette circonstance, que cette donation étoit faite par forme de substitution pour avoir lieu au cas qu'il n'y eût aucun enfant mâle du mariage qu'il alloit contracter, en consequence de quoy il paroissoit que le Donateur s'étoit gouverne avec prudence, & de la même sorte que si les enfans eussent été au monde au tems que la donation avoit été faite.* Or si cet Auteur s'explique en ces termes pour marquer les motifs

motifs de l'Arrest rapporté par Montholon, pour établir que celui *qui cogitavit de liberis*, parce que cette donation étoit faite dans son Contrat de mariage. Peut-on dire la même chose de celui qui renonce au benefice de la Loy *si unquam*, dans un acte de donation avant de se marier, dans le tems qu'il ne pouvoit point prevoir qu'il s'engageroit dans les sacrez liens du mariage, & qu'il mettroit des enfans au monde en faveur desquels les Loix & la Jurisprudence des Arrests ont decidé la question en termes formels ? *Art. 99.*

Cette maxime est d'autant plus certaine, que Godefroy, après avoir combattu l'opinion de Julius Clarus, ajoute, que l'affirmative est une verité constante : *Quod vix puto, verum esse*, dit-il ; *magnus est enim liberorum favor.* *Nota A. ad L. si unquam.*

Enfin Ricard resumant tout ce qu'il a dit sur l'affirmative, conclud son opinion en ces termes qui sont décisifs : *J'ajoute pour une ample declaration que combien que la renonciation à la Loy* si unquam, *ait eté employée dans un Contrat, s'il paroit d'ailleurs par la vrai-semblance des faits, & par la presomption qui est plus forte en cette rencontre que ce qui est expressement écrit, vû que la renonciation est faite dans un tems suspect ; que le Donateur n'eût pas fait la donation, s'il eût sçû qu'il lui devoit naître des enfans.... comme s'il n'y avoit aucune raison qui ait pû mouvoir le Donateur à preferer le Donataire en la chose donnée à ses propres enfans ; que l'on ne doit avoir aucun égard à la renonciation, & qu'elle n'empêche en façon quelconque que la donation ne demeure revoquée par la survenance d'enfans en vertu de la Loy.* On voit par la doctrine de cet Auteur, à quel coin cette renonciation est marquée. Ne faut-il pas s'aveugler volontairement après tant d'autoritez, tant d'Arrests, tant de raisons dont les unes fortifient les autres, de tenir pour la negative ? *Part. 3. ch. 5. n. 573. t. 2.*

CHAPITRE XV.

Comment doit être entenduë cette limitation à la Loy si unquam, *quand le Donateur a pensé à ses enfans à naître.*

QUoique l'on ait touché cette question dans un autre endroit, comme on ne l'a fait que superficiellement, on va la traiter maintenant avec beaucoup plus d'étenduë.

Le celebre Godefroy éxaminant cette question, dit que, *etiamsi in donatione verisimilem suscipiendorum liberorum habuerit opinionem ;* d'où il s'ensuit, suivant l'opinion de ce Docteur, qu'encore que le Donateur ait pensé aux enfans legitimes qu'il pourroit avoir à l'avenir, lors de la donation, elle doit être revoquée par la Loy *si unquam*, d'abord après leur naissance, ou la survenance d'un enfant. *Nota H. ad L. si unquam.*

Mais de quelque poids que soit l'autorité de ce sçavant Docteur, Julius Clarus doit l'emporter sur lui, parce qu'il est mieux entré dans le sens & la disposition de la Loy *si unquam*, puisqu'il enseigne que si le Donateur a des enfans lors de la donation, elle n'est point revoquée par la naissance de ceux qui naîtroient ensuite. *§. Donatio, quæst. 23. n. 3.*

Saint Leger tient encore l'opinion de Julius Clarus en termes si clairs, qu'on n'a qu'à lire ce qu'il en dit dans l'une de ses questions. Il paroît évidemment par la doctrine de ces deux Auteurs, que celui qui a des enfans dans le tems de la donation, ne doit point joüir du benefice de la Loy *si unquam*, pour la faire revoquer, parce qu'il est vrai-semblable que dans les circonstances qui l'accompagnent, *de liberis cogitavit* ; & qu'ainsi le Donataire est en droit de lui opposer qu'il est non recevable & sans action pour faire revoquer la donation qu'il lui a faite, suivant cette maxime de Droit : *frustrà implorat legis auxilium qui in Legem peccat* ; maxime que ne l'on peut trop rappeller en pareils cas. *Quæst. 54. n. 20.*

En effet Jason dit en termes précis, que quand le Donateur pense à ses enfans, surtout lorsqu'il en fait mention dans l'acte de donation, la disposition de la Loy *si unquam* n'a pas lieu en sa faveur ; ce qui est d'autant plus certain, qu'il paroit par sa conduite qu'il a preferé le Donataire à ses enfans legitimes, puisque par cette donation il veut de dessein prémedité les exclure de ses biens, ayant fait mention d'eux dans l'acte qui les dépoüille. *Lib. 2. cons. 210.*

Papon ne laisse aucun doute sur cette question : *Si quelqu'un a enfans*, dit-il, *&*

Papon dans son Comm. sur la Loy *si unquam*, p. 22.

neanmoins donne ses biens, ou partie d'iceux à un autre, comme s'il a voulu preferer un étranger Donataire à ses enfans déja nez, & desquels ils n'etoit ignorant; ainsi est-il croyable qu'il l'eût de même sorte preferé à ses enfans à naître, s'il eût pensé à eux. Et il conclud ensuite, qu'il ne peut pas implorer le secours de la Loy *si unquam* pour faire revoquer cette donation : ce que je crois d'autant plus indubitable, que l'on doit présumer lorsqu'il a fait cette liberalité en faveur de l'étranger, qu'il pensoit à ses enfans ; ce qui le rend indigne de la protection & de la faveur des Legislateurs & de la Loy.

Sur la Loy *Titius, ff. de liberis & posthum.*

Mais cet Auteur semble se contredire lui-même ; car après avoir cité Balde pour appuyer son opinion, il ajoûte : *Il semble que non ; car cette Loy parle nommément quand le pere qui donne n'a point d'enfans* ; de sorte qu'il paroît par la doctrine de Papon, que quand le Donateur a des enfans en vie, il peut revoquer la donation par la disposition de la Loy *si unquam*, parce qu'on doit présumer, selon son principe, qu'il n'auroit pas fait cette donation, s'il avoit pensé aux autres enfans qu'il pouvoit avoir dans la suite. Cela est si veritable, que continuant d'examiner la question, il dit : *Pour la mêmeté de raison qui y est la disposition de cette Loy, y aura lieu : car il est vrai-semblable que le pere n'eût pas donné, s'il eût pensé avoir enfans après, & peut être que lors ne pensoit point à la fille qu'il avoit, pour ce qu'il lui restoit encore assez pour la doter.* D'où il suit, selon le systême de Papon, que la Loy *si unquam* doit cesser d'avoir son effet, lorsque le Donateur qui a déja des enfans lors de la donation, ne s'est pas dépoüillé de tous ses biens en faveur du Donataire étranger, puisqu'il lui en reste encore assez pour ses autres enfans : & que quand le Donateur n'a point fait mention ni d'un enfant qu'il a déja mis au monde, ni des autres qu'il pourroit avoir après la donation, ils peuvent faute de biens du pere Donateur, faire revoquer cette donation par le privilege de la Loy *si unquam, Cod. de revocand. donat.*

Papon, *ibid.* p. 22.

Mais s'il arrivoit que le Donateur, qui croyoit sa femme sterile & hors d'état de faire des enfans, vînt à avoir un fils, *de quo non cogitavit* lors de la donation, il est certain qu'elle doit être revoquée par la naissance ou survenance de ce fils, suivant le même Papon ; parce qu'il me semble que dans cette occasion on doit dire que le Donateur ayant perdu toute esperance d'avoir des enfans, à cause de la prévention dont il étoit frappé que sa femme étoit sterile, il n'est pas vrai-semblable qu'il ait jamais pensé à l'enfant que sa femme vient dans la suite mettre au monde ; ce qui le rend digne d'être appuyé du secours de la Loy *si unquam*, lorsque cet enfant est né.

Dans son Comment. sur la Loy *si unquam*, p. 12.

Papon se détermine enfin sur la question que je traite ici, en ces termes : *Il faut interpreter cette cogitation & renonciation, selon l'etat en quoi etoit le Donateur lors de la donation, à sçavoir en ce desespoir d'avoir d'enfans qui l'a incité à donner*; & deux ou trois lignes plus bas : *Si après il a enfans*, ajoûte-t-il, *la donation sera rompuë & revoquée.*

Id. Ibid.

Mais quelque spécieux que me paroisse le raisonnement de cet Auteur, j'estime qu'il faut plutôt suivre la doctrine de du Moulin, qui dit, que la Loy *si unquam n'a pas lieu pour revoquer la donation que l'on a faite, lorsqu'on a perdu entierement l'esperance d'avoir des enfans, mais seulement que la revocation aura son effet, pour ce que le Donateur avoit acquis & diminué sa succession par le transport qu'il en a fait.*

Sur la Cout. de Paris, §. 1. glos. 3. tit. 1. des Fiefs, no. 16.

Il n'est donc plus question d'examiner, selon du Moulin, si le Donateur a pensé à ses enfans à naître dans le temps de la donation, ni l'état où il pouvoit être lorsqu'il l'a faite, mais seulement s'il n'avoit plus d'esperance d'avoir des enfans ; car dans ce dernier cas, il ne peut se servir du benefice de la Loy *si unquam* pour faire revoquer la donation, mais revendiquer les biens dont parle ce Docteur.

Lib. 2. Cons. 126.

Socin propose une question qui contient une exception à celle que j'examine dans ce Chapitre : car il dit que la renonciation expresse à la Loy *si unquam*, & ce que l'on dit que le Donateur ayant pensé à ses enfans à naître dans le temps de la donation, fait cesser la revocation au regard des enfans nez de ce mariage ; mais non pas au préjudice de ceux qui viennent au monde ensuite d'un second mariage contracté après la donation. Je crois que le sentiment de ce Docteur doit être suivi dans cette occasion, avec d'autant plus de raison, que l'on ne doit point présumer que lors de la donation, le pere qui l'a faite étant encore dans l'état du premier mariage, il ne paroît pas qu'il ait pensé, ni même pû penser aux enfans du second mariage, auquel il ne pouvoit se déterminer qu'après la mort de sa femme ; & qu'ainsi il étoit incertain s'il survivroit à cette premiere femme, ou s'il mourroit avant elle.

En son Comment. sur la L. *si unquam*, p. 8.

Papon que l'on a déja cité si souvent, met une deuxiéme exception à la même question, qui concerne la femme qui fait une donation : *Telle cogitation d'enfans*, dit-il, *ou expresse renonciation à la Loy, faite en une donation par une femme, empêche la revocation de cette Loy, pourvû que la femme ait été certiorée du droit qu'elle a de revoquer ladite donation si elle a enfans après cas ; autrement, & si elle n'en est avertie, on doit lui secourir comme celle qui a erré en Droit.*

Cette Doctrine est, selon moi, fondée sur la maxime qui nous est apprise par Godefroy dans une de ses notes, où il dit : *Juris error ubi de damno agitur, non nocet*, aussi-bien que sur la disposition de la Loy *Ne passim*, qui est précise en faveur de la femme, *quæ certat de damno vitando* ; ce que l'on doit appliquer à celle qui n'est point instruite de la clause mise dans l'acte de donation, qui peut regarder la condition, si cette femme a pensé à ses enfans, qu'exigent tous les Docteurs & Interpretes, pour l'exclure du benefice de la Loy *si unquam.*

En sa note M. sur la L. 8. *ff. de Jur. & fact. ignor. L. Ult. Cod. de jur. & fact. ignor.*

C'est encore une présomption très-grande, que le pere a pensé aux enfans qu'il pourroit avoir, lorsqu'il fait une donation universelle ou d'une partie de ses biens dans son Contrat de mariage, selon M. le Président Boyer, & Bertrandus, *Cons.* 157. & *Cons.* 383. *vol.* 2. parce qu'il paroît par les circonstances qui concourent avec l'acte de donation qu'il a voulu préferer le Donataire à ses enfans legitimes, ne pouvant être arrêté ni empêché de faire cette donation, par la pensée qu'il peut avoir des enfans de son mariage.

Quæst. 159. *num.* 10.

Saint Leger marque un autre cas où l'on doit présumer que le pere a pensé à ses enfans, avant, lors & après la donation, & qu'il n'a point eu en vûë de la revoquer, après la naissance ou survenance des mêmes enfans. Cette question consiste à sçavoir si le Donateur a vêcu un long espace de temps sans déclarer, ni tacitement ni expressément, vouloir revoquer la donation ; ce qui est d'autant plus certain, selon moi, qu'il paroît & par le silence du Donateur, & par la joüissance des biens, dans laquelle le Donataire n'a point été troublé par le Donateur pendant sa vie, que la tendresse paternelle n'a pû le porter à revoquer cette donation, quoiqu'elle fût faite avant la naissance de ses enfans, ne s'étant point mis en état de le demander en Justice.

Quæst. 54. *num.* 9. & *seqq.*

Il faut cependant remarquer, qu'encore que la donation faite à un étranger par un pere au préjudice de ses enfans, *de quibus cogitavit*, ne soit pas révoquée pour le tout par la naissance des mêmes enfans, dont il a fait mention dans l'acte de donation, elle doit neanmoins être retranchée jusqu'à concurrence de leur legitime, selon la Jurisprudence des Arrests rapportez par M. de Cambolas, parce qu'elle leur est dûë *ex natura*, suivant la Novelle 1. §. 2. *in præfat.* & la doctrine de Godefroy dans une de ses notes sur cette Novelle, en ces termes : *Debito naturali*, conformément à la décision de la Loy *Scimus* ; d'où il s'ensuit, que quelque donation qu'un pere puisse faire à un étranger, dans laquelle il a fait mention de ses enfans, il ne peut pas les priver du *debitum naturæ.*

En ses quest. not. L. 6. c. 32. Nota. D. *ad dict.* §. 2. §. 2. *Cod. de inof. test.*

Après avoir parcouru tous les cas qui entrent dans cette question, par l'opinion des Docteurs & Interpretes, il ne me reste plus qu'à prouver que la Jurisprudence des Arrests a fixé la maxime ci-dessus. Ces Arrests sont rapportez par M. Bouguier, *lettre D.* par Chenu, en sa quest. 70. par Montholon, Arr. 99. & par Ricard. *Cette donation*, dit ce dernier Auteur, *n'étoit pas revoquée par la survenance d'enfans, en consequence de ce que premierement le Donateur avoit fait la donation dont il s'agissoit par son Contrat de mariage, & par consequent dans la pensée prochaine d'avoir des enfans* ; n'est-ce point-là le veritable cas de l'irrévocabilité de la donation, par le benefice de la Loy *si unquam*, qui ne peut jamais avoir lieu dans le cas, où le pere qui pense à ses enfans à naître après la donation, ne peut en être dissuadé par la tendresse qu'il doit avoir pour eux, puisque rien ne peut le détourner de faire une donation universelle, ou d'une partie de ses biens, en faveur d'un étranger, qu'il veut préferer par son Contrat de mariage à ses propres enfans ?

Numero 9. Ricard, t. 2. des Don. p. 3. c. 5. no. 586.

CHAPITRE XVI.

Si les heritiers du Donateur peuvent faire revoquer la donation par le privilege de la Loy Si unquam.

IL semble d'abord que l'heritier du Donateur soit non-recevable & sans action à faire revoquer la donation par le benefice de la Loy *si unquam*; parce que dès que le Donateur ne se sera point mis en état de faire cette revocation pendant sa vie, son heritier qui n'a point plus de droit que lui, ne doit pas se flatter qu'il puisse faire valoir en sa faveur le benefice de cette Loy.

Mais quelque couleur que puissent avoir ces raisons, pour empêcher l'heritier de joüir du privilege de la Loy *si unquam*, je crois qu'elles ne peuvent point prévaloir à celles qu'apporte Godefroy dans une de ses Notes: *Dabitur etiam ejus hæredibus condictio*, dit-il, *benigna interpretatione Legis*: & poussant la chose encore plus loin, il ajoûte: *Quid si parens generaliter renunciavit revocationi donationis, ejus hæredibus non nocebit, quid si sciens specialiter renunciaverit beneficio hujus Constitutionis? Puta à majore 25. annis renunciari posse, non à minore, vix puto verum esse, magnus enim est liberorum favor*; ce qu'il dit, après avoir refuté l'opinion de Julius Clarus. Enfin ce Docteur termine sa note en ces termes: Que les enfans heritiers du Donateur peuvent faire révoquer la donation faite par leur pere, *pro modo falcidiæ, sive ex testamento, sive ab intestato*; ce qu'il appuye du sentiment de M. Cujas. On voit donc que selon ces deux sçavans Interpretes du Droit Romain, les enfans heritiers de leur pere Donateur, sont en droit de faire revoquer la donation qu'il aura faite pendant sa vie, jusqu'à concurrence de leur legitime, pourvû qu'ils en forment la demande, sans qu'ils puissent apprehender d'être déclarez non-recevables en leur demande, soit à cause de la renonciation generale, soit à cause de la speciale, que leur pere Donateur aura fait inserer dans l'acte de donation; parce qu'il n'a point pû faire cette renonciation en fraude, & au préjudice de leur legitime, qui est appellée par les Loix & les Interpretes *Debitum naturale*.

Nota. A. ad L. si unquam.

Observ. L. 17. c. 33.

Il est étonnant après des raisons si solides & si décisives, fondées sur la faveur des enfans, qui est toujours très-grande, que Julius Clarus ait tenu l'opinion contraire, puisque tout ce qu'il peut alleguer contre la negligence du Donateur pendant sa vie, ne peut jamais mettre aucun obstacle au privilege que la Loy *si unquam* donne aux enfans heritiers du Donateur; leur faveur étant appuyée sur l'interpretation de la Loy 3. *vers. sed cum*, ainsi que le remarque Godefroy, dont l'opinion est suivie par M. Cujas.

L. 4. Sententiar. §. don. q. 22.

Cod. de don. quæ sub mod.

Mais Ricard enseigne une doctrine plus pure, plus solide & plus conforme aux principes du Droit Romain, en faveur des enfans heritiers de leurs peres Donateurs; car il pose pour maxime que la revocation des donations ordonnée par la Loy *si unquam*, a lieu sans aucune limitation. *J'estime nonobstant*, dit-il, *qu'ils peuvent exercer le benefice de cette revocation du chef de leur pere, en qualité de ses heritiers, comme étant un droit acquis qu'ils trouvent dans la succession, & une action qui se transfere aux successeurs, aussi bien que le reste des facultez du défunt.* En effet, quoi de plus juste, quoi de plus conforme aux regles & aux principes du Droit écrit, que de donner aux heritiers du Donateur le même droit qu'avoit leur pere? N'est-ce pas la décision d'une des Loix du ff. *de diversis regul. Jur.* où le Jurisconsulte Ulpien dit: *Qui in jus dominiumve alterius succedit, jure ejus uti debet.* Or le pere Donateur ayant droit de faire revoquer la donation avant sa mort, à cause des enfans qu'il a mis au monde, par le benefice de la Loy *si unqunm*, il s'ensuit de-là que ces enfans & heritiers doivent joüir du même droit & du même benefice.

Part. 3. c. 5. no. 629. t. 2.

L. 137.

La Jurisprudence des Arrests a confirmé cette maxime; tous nos Arrêtistes en sont remplis. M. Maynard en rapporte un, qui a été rendu par le Parlement de Toulouse; Carondas en cite encore du Parlement de Paris, aussi-bien que Montholon en ses Arrests prononcez en robes rouges. Je n'en donnerai point ici le détail, parce que les Arrêtistes l'ont déja fait dans leurs Recueils; il suffira de remarquer que M. Loüet fournit l'Arrest des Chandons, rendu le 28. Janvier 1606. qui a jugé precisément dans l'espece

L. 6. c. 59. En ses réponses L. 9. chap. 19. Arrêt 103. Lettre D. som. 52.

l'espece de notre question, que les enfans legitimez par le mariage subsequent s'étant pourvûs en revocation de la donation faite par leur pere pendant sa vie, dont il n'avoit point formé de demande, ces enfans obtinrent des Lettres Royaux pour faire revoquer la donation par le privilege de la Loy *si unquam*, sans aucune restriction ni limitation; ce qui leur fut adjugé par l'Arrest qu'on vient de citer.

Peut-on après tant d'Arrests qui ont fixé, établi & confirmé cette maxime, suivre la doctrine de Godefroy & de M. Cujas? La Jurisprudence des Parlemens de France n'y résiste-t-elle pas? Et cette Jurisprudence ne renferme-t-elle pas une verité constante & inviolable, suivant la regle de Droit, *res judicata pro veritate habetur*?

Maître Boniface rapporte un Arrest du Parlement de Provence, qui a decidé formellement la question. Il est porté par cet Arrest que la donation doit être revoquée par la survenance des enfans, à la poursuite même de l'heritier. T. 1. c. 3. p. 507.

Enfin, Ricard dit, pour appuyer son opinion: *De sorte qu'il faudroit des conjectures bien fortes dans les particularitez du fait, de la part des enfans, pour faire connoître que la raison pour laquelle leur pere n'a pas revoqué son testament ou sa donation de son vivant, & quand les moyens lui en ont été ouverts, n'a pas été dans la pensée de lui laisser son plein & entier effet, mais par un esprit de remise seulement; parce qu'il attendoit peut-être un temps plus commode pour executer son intention, ou pour un autre sujet semblable.* Que peut-on alleguer contre la doctrine de cet Auteur? N'est-elle pas conforme à la Jurisprudence des Arrests? Y-a-t-il dans la disposition ou dans le sens de la Loy *si unquam* d'autres conjectures que celles qu'il prend la peine de marquer? En faut-il davantage pour montrer combien l'opinion de Ricard est juste, solide & inébranlable? Ricard, ubi supra, no. 631.

CHAPITRE XVII.

Si le pere ayant laissé mourir ses enfans sans revoquer la donation, peut joüir du benefice de la Loy si unquam *après leur mort.*

LA revocation de la donation par le benefice de la Loy *si unquam*, paroît d'abord résister à la prétention du pere Donateur, parce que suivant la Jurisprudence des Arrests, c'est la naissance ou survenance des enfans de ce Donateur, qui sert de base & de fondement à cette révocation, puisqu'elle a lieu au moment qu'ils viennent au monde, *ipso jure*, selon les mêmes Arrests & la décision de cette Loy.

Mais quelque grande que soit la faveur des enfans du Donateur, pour faire revoquer la donation par le remede de la Loy *si unquam*; neanmoins tous les Docteurs conviennent que le Donateur est en droit de joüir du privilege de cette Loy, après la mort de ses enfans.

Du Moulin en son Traité *de inoffic. testam.* assûre, que c'est l'opinion generale des Docteurs, & dans l'une de ses notes sur le Conf. 366. de Dece, *verb. in specie*, il ajoûte, que la clause generale qui regarde les enfans n'exclud pas le pere du remede de la Loy *si unquam*; d'où il s'ensuit que ce remede étant commun, réciproque & correspectif au Donateur & à ses enfans, il est fondé de le reclamer en sa faveur, même après leur mort.

Tiraqueau, dans son Commentaire sur la Loy *si unquam*, après avoir cité quelques Docteurs, qui tiennent pour la negative, se déclare en termes exprès pour l'affirmative. Gl. susceperit liberos, no. 204 & seqq.

Mais quelque pressans que puissent être les motifs qui ont porté les Docteurs à prendre le parti du pere Donateur, pour le faire joüir du privilege de la Loy *si unquam*, après la mort de ses enfans, pour faire revoquer sa donation, & quoique ces motifs soient appuyez sur des textes des Loix qu'ils ont appliquez à la question présente, je crois qu'il est plus sûr de se déclarer pour la negative: sçavoir que le pere est non-recevable à faire revoquer la donation après la mort de ses enfans, par plusieurs raisons.

La premiere est fondée sur ce que la revocation de la donation par le benefice de la Loy *si unquam*, n'est accordée que *contemplatione liberorum*, dont la naissance produit cette revocation, pourvû que le pere Donateur ait fait quelque démarche pour intenter le benefice de cette Loy pendant leur vie; en sorte que si ces enfans n'étoient pas venus au monde, il n'auroit pû former ni demande, ni plainte à ce sujet, parce que l'un ou l'autre n'auroient eu aucun fondement legitime.

La deuxiéme raison est prise du silence où le Donateur a resté depuis la naissance de ses enfans jusques à leur mort, qui doit être regardé comme une ratification tacite de la donation, pour le faire déclarer non recevable à demander la revocation de cette donation, par le benefice de la Loy *si unquam*, selon cet axiome de Droit: *Vigilantibus, non his qui altum dormiunt, jura subveniunt.*

Tom. 2. Part. 3. c. 5. no. 639. La troisiéme raison est tirée de la doctrine de Ricard, qui s'explique en ces termes: *Il y a une raison sans réponse, qui empêche que la revocation puisse être parfaite & executée de plein droit, qui resulte de ce que le Donataire étant en possession de la chose donnée, la retrocession ne s'en peut faire sans le fait des parties.* Et quelques lignes plus bas: *Il s'ensuit de-là*, ajoute-t-il, *que l'execution & l'accomplissement de la Loy dépendant de la declaration & du fait du Donateur, que la revocation qu'elle produit ne peut pas avoir lieu, si elle n'est faite dans un temps, auquel la cause motive de la Loy, & le sujet de la revocation, subsistent encore.* Il faut donc, selon cet Auteur, que le Donateur fasse revoquer la donation pendant la vie de ses enfans, sans quoi il se flatte vainement de pouvoir y être reçû après leur mort; & il doit croire que la cause de la revocation par la Loy *si unquam* venant à cesser par cette mort, l'effet cesse en même temps, suivant cette maxime, *cessante causâ, cessat effectus.*

Centur. 2. c. 11. *circa fin.* La quatriéme & derniere raison est appuyée sur la Jurisprudence des Arrests du Parlement de Paris, rapportez par M. le Prêtre, qui a établi pour maxime, qu'un pere qui avoit eu des enfans depuis la donation qu'il avoit faite, doit être declaré non recevable à la faire revoquer après leur mort, n'en ayant point intenté l'action, soit depuis leur naissance, soit avant leur mort; ce qui est fondé sur la doctrine de Godefroy, dans l'une de ses Notes: *Quid si suscepti*, dit-il, *post donationem liberi moriuntur? Convalescit donatio, nisi Donator tacitè vel expressè revocaverit. Communis opinio adversus Bartholum, apud Clarum dicto loco, quæst. 23. vers. penult.* (Nota. P. ad L. *si unquam.*) D'où il s'ensuit, que nonobstant l'opinion du plus grand nombre des Docteurs, il n'est plus permis de tenir l'affirmative en faveur du pere Donateur après la mort de ses enfans, à cause de la maxime fixée par les Arrests sur cette question.

CHAPITRE XVIII.

S'il faut que la donation soit, ou de tous les biens, ou de la moitié, ou d'une partie d'iceux, pour la faire revoquer par le benefice de la Loy si unquam.

Cette question a partagé la plûpart des Docteurs. Les uns ont tenu qu'il falloit que la donation fût de la moitié des biens, les autres de la plus grande partie; d'autres enfin ont dit, en quelque partie que la donation consistât, pourvû que la chose fût précieuse.

La Loy *si unquam*, Cod. *de revocand. donat.* est si claire, si expresse & si décisive, qu'il est étonant qu'elle ait servi de fondement à la diversité d'opinions sur notre question; car Constantin & Constans Empereurs s'expliquent en ces termes: *Si unquam libertis patronus filios non habens, bona omnia vel partem aliquam fuerit donatione largitus, &c.*

Nota I. ad dict. l. si unquam. Godefroy qui a fait des remarques sur ces mots, *Bona omnia vel partem aliquam*, dit: *habet itaque locum hæc constitutio non tantùm donatis omnibus bonis, sed eorum parte aliqua. Aliqua, inquam, etiam infra dimidiam, & in donatione particulari, magnæ tamen æstimationis*, & cite pour confirmer son opinion, Julius Clarus.

In Authent. ex causa, C. de liber. præterit. Balde tient en termes précis l'opinion contraire, quand il dit, que la Loy *si unquam* n'a pas son execution dans une donation particuliere, comme d'un Chateau, Maison, Fonds, &c. Mais je crois que ce Docteur prend le change, parce que la Loy *si unquam* est si claire & si formelle, qu'il faut s'aveugler volontairement pour en combatre la disposition dans ces mots, *partem aliquam*, qui n'exceptent aucune partie des biens, lorsqu'ils sont de grand prix.

In T. Titia Seio, §. si En effet, Barthole decidant la question avec beaucoup plus de justice & de solidité que Balde, tient que cette Loy a lieu non seulement à l'égard d'une chose particuliere, mais que rien ne peut l'empêcher d'avoir son effet, à moins que la donation ne fût d'une chose de si peu de valeur, que vrai-semblablement le Donateur n'eût pas laissé d'en faire une donation, quoique pour lors *de liberis cogitasset*.

Imperator. ff. de leg. 2.

Mais quoique la donation d'une chose particuliere puisse être revoquée par le benefice de la Loy *si unquam*, lorsqu'elle est de grand prix, ce benefice n'a pas été étendu, suivant les Arrests à une donation d'une somme faite à un étranger, si le pere n'en a point formé sa demande après qu'il a mis des enfans au monde; parce qu'on présume dans cette occasion que n'en ayant point parlé pendant sa vie, & depuis la naissance des mêmes enfans, il a ratifié cette donation, & qu'ainsi elle ne peut être comprise sous les termes de la Loy *partem aliquam*.

Journ. des Audiences, t. 1. lib. 8. ch. 16. Le Piétre, cent. 2. ch. 11.

Il n'en est pas de même de la donation d'une chose particuliere, qui comprend une bonne partie des biens du Donateur, laquelle doit être revoquée après la naissance ou survenance des enfans, par le remede de la Loy *si unquam*, suivant l'opinion commune des Docteurs; ensorte qu'il est étonnant que Balde ait été d'un sentiment contraire, n'y ayant que ce Docteur qui se soit declaré pour la negative, contre la revocation de la donation d'une chose particuliere, sans distinction ni limitation.

La plûpart des Docteurs tiennent aussi pour maxime, qu'une donation faite à un étranger, ne peut pas être revoquée, si elle n'est universelle, ou de la plus grande partie des biens du Donateur, avec cette condition neanmoins, que cela dépend de l'arbitrage du Juge.

Alex. cons. 71. Vol 4. Jul. Clarus quest. 22. §. donatio. Faber sur la Loy si unquam, *Cod. de revoc. donat. &c. Clarus, §. donatio. qu. 22. n. 15. Menoch. de arbitr. cas. 139. n. 1. Faber. defin. 9 Cod. de revoc. donat. &c.*

Mais quelque solides que puissent être les raisons de ces Docteurs, je crois qu'il est plus à propos de suivre la décision de la Loy *si unquam*, que de faire dépendre la revocation de la donation, de l'arbitrage du Juge, soit qu'elle soit universelle, ou d'une partie des biens du Donateur, parce que les Empereurs Constantin & Constans parlent indéfiniment dans cette Loy, lorsqu'ils disent: *Vel partem aliquam facultatum fuerit donatione largitus*; de sorte que quand la Loy n'admet aucune distinction ni limitation, il n'est pas permis de faire dépendre la décision d'une question comprise dans la même Loy, de l'arbitrage du Juge.

D'ailleurs n'est-il pas plus sûr dans le doute de se declarer pour l'opinion du sçavant Godefroy, puisque c'est le seul Interprete qui soit mieux entré dans l'esprit de la Loy *si unquam* que nul autre? Or cet Interprete ne parle ni de la totalité ni de la plus grande partie des biens du Donateur: *Sed eorum parte*, dit-il, *aliqua: aliqua, inquam, etiam infra dimidiam, & in donatione particulari, magnæ tamen æstimationis.* Il ne faut donc pas, selon ce Docteur, que la donation soit universelle pour la faire revoquer, mais seulement de quelque partie de ses biens, & que cette partie soit d'un grand prix, d'où il suit que l'opinion de Godefroy doit l'emporter sur celle de tous les autres Docteurs qui sont du sentiment contraire, parce qu'elle est infiniment plus conforme au sens & à la disposition de la Loy.

Nota L. ad l. si unquam *Cod. de revocand. donat.*

Papon se declare formellement pour l'opinion de Godefroy en ces termes: *Cette opinion est la meilleure*, & il en donne plusieurs raisons qu'il appuye de la doctrine de plusieurs Auteurs.

En son Comment. sur la Loy *si unquam*, pag. 26.

Ricard s'est encore declaré pour le sentiment de Papon & de Godefroy. *Il ne faut pas*, dit-il, *discuter en general de quelle part cette Loy a entendu parler, mais suivre le principe qui nous a servi, & qui servira de fondement pour la resolution de la plûpart des questions de ce Chapitre. Je dis donc qu'il ne faut pas considerer si la donation est de la moitié, du tiers, du quart, ou de la sixiéme partie des tous les biens du Donateur, ou même d'une chose singuliere, mais que le point décisif consiste dans cette discussion, qui s'emprunte des particularitez des especes qui sont à juger, de voir & examiner si vraisemblablement le Donateur eût fait la donation, s'il eût eu des enfans au tems quelle a été passée, si elle est considerable pour les biens qu'il possedoit.* Il ajoute ensuite quelques lignes plus bas: *Et de fait dans les Arrests qui ont été rapportez ci-dessus, & par lesquels les donations ont été declarées revoquées par survenance d'enfans, les unes étoient de la moitié, les autres du tiers, & les autres d'une chose particuliere.*

Ricard, t. 2. part. 3. ch. 5. n. 605.

On n'a besoin pour appuyer la doctrine de cet Auteur, que de rapporter un Arrest du Parlement de Toulouse cité par Albert, qui a jugé en termes formels, que la donation d'une chose particuliere est revoquée, quand il survient des enfans au Donateur par la disposition de la Loy *si unquam*; de sorte que le grand nombre de Docteurs qui tiennent qu'il n'y a que les donations universelles, ou d'une grande partie des biens des Donateurs, qui puissent servir de fondement à la revocation par le benefice de cette Loy, n'est point le parti le plus sûr & le meilleur que l'on puisse prendre.

Lettre D. sous le mot donation, art. 2.

CHAPITRE XIX.

Si les donations mutuelles sont comprises dans la disposition de la Loy si unquam.

S'IL falloit dans l'examen de cette question ne suivre que l'opinion des Docteurs, elle seroit bien-tôt decidée pour l'affirmative, parce qu'il est certain que ces sortes de donations sont permises entre le mari & la femme, sous certaines conditions, dont je parlerai en son lieu, & qu'au regard des autres personnes, on n'a jamais douté qu'elles ne soient valables.

Mais je dois la traiter selon l'ordre que je me suis prescrit, & n'établir la certitude des maximes, que par les raisons & l'autorité des Docteurs & des Praticiens, pour ne m'attirer aucune censure.

Pag. 31. & seqq. Papon dans son Commentaire sur cette Loy, ayant rapporté l'opinion des Docteurs, dit que *en donations mutuelles & reciproques ladite Loy n'a point lieu, quand elles sont faites ensorte que par une participation les deux y prennent profit ;* & dans un autre endroit il établit sous quelles conditions les donations mutuelles peuvent être valables, en ces termes : *Mais quoique ce soit, en ce cas il est vrai que ces donations mutuelles, esquelles les deux prennent profit, ont force de mutuelle, & non pas de simple donation, en ce seulement qui est égal d'un côté & d'autre ; mais en ce que l'une surmonte l'autre, la donation est reputée simple, & par ainsi ne vaut entre le mari & la femme, tout de même qu'une autre simple donation.* Il cite pour autoriser son sentiment Petrus de Bella Pertica, & ajoute : *Cela doit être entendu, que si en ces donations une partie excede l'autre de bien peu, pour cela la donation ne doit pas être reputée inegale ou simple ; car autrement on ne fait cas d'un petit excès*

Il paroît par les maximes de cet Auteur, qu'il faut pour faire regarder une donation comme mutuelle, qu'il y ait égalité de biens entre les deux personnes qui la font, & que s'il n'y a qu'une petite & legere inegalité, elle ne peut jamais passer pour une donation simple, revocable par le privilege de la Loy *si unquam :* En effet, les donations mutuelles sont, selon mon sentiment, des échanges & permutations, qui demandent une égalité entre les copermutans, de même que parmi les codonataires.

Mais on ne doit pas dire la même chose lorsqu'un des conjoints donne à l'autre, en cas de survie ; car en ce cas il n'y a rien à craindre de la part de l'un des Donataires, ni des successeurs ou heritiers legitimes du défunt, sans excepter ses propres enfans, parce qu'il est certain, suivant la glose *in. L. licet*, que cette donation n'étant ni lucrative ni gratuite, elle contient un acte sinallagmatique, où l'égalité se trouve, & elle est reciproque des deux côtez. *C. de pact.*

Il ne faut pas croire pourtant qu'une donation mutuelle soit reciproque, quand on l'a qualifiée telle dans l'acte ; il faut encore pour la faire regarder comme mutuelle, qu'il y ait non seulement égalité dans l'âge des personnes qui se font une semblable donation, mais égalité de biens, suivant Petrus de Bella Pertica ; ensorte que si l'un des Donateurs est âgé tout au plus de 25. ans, & l'autre de 50. celui-ci très-riche, & celui-là fort pauvre, cette donation ne passera jamais pour mutuelle, mais pour une donation pure & simple, & par consequent sujette à la revocation par la disposition de la Loy *si unquam ;* au lieu que quand l'égalité se trouve dans l'âge & dans les biens, il est hors de doute que la donation est veritablement mutuelle & reciproque. *In L. donationes, Cod. de donat. int. vir. & uxor.*

En son Comment. sur la Loy si unquam, pag 31. Papon qu'on a déja cité plus haut sur cette question, établit pour maxime, que cette Loy ne peut pas s'étendre jusqu'aux donations mutuelles ou reciproques, lorsqu'elles ont été faites de maniere que les Donateurs par une participation mutuelle & reciproque y trouvent une égalité des deux côtez. On peut s'en faire une idée, en faisant reflexion à l'acte de donation d'un fonds qui contient en même tems, & dans la même contexture, celle d'une maison, parce que cette espece de donation doit être regardée (ainsi que je l'ay déja observé selon la Glose) comme un échange, & non comme une donation, & qu'elle ne peut pas être comprise dans la disposition de la Loy *si unquam.* *In L. quod autem §. si vir & uxor. ff. de donat. int. vir & uxor.*

Après avoir examiné les especes de donations mutuelles, suivant l'opinion de la Glose, & des Docteurs, on va maintenant montrer qu'elles ne sont point comprises dans la Loy *si unquam*, suivant la Jurisprudence des Arrests.

Le

Le premier de ces Arrests rendus par le Parlement de Paris, est rapporté par du Fresne, en son Journal des Audiences, qui a jugé précisement la question, dans le cas d'une donation mutuelle, faite dans un Contrat de mariage, qui fut déclarée irrevocable.

Liv. 1. ch. 57. tom. 1.

Le deuxiéme est du même Parlement, & a fixé la maxime qu'une donation mutuelle ne peut pas être revoquée par la naissance ou survenance des enfans, s'ils ont précedé par leur mort le cas porté par l'acte de donation; ce qui est fondé sur la doctrine de Ricard. De sorte qu'il est évident, après ces deux Arrests du Parlement de Paris, qu'on ne peut plus contester ni debattre l'irrevocabilité des donations mutuelles faites dans des Contrats de mariage, nonobstant la naissance ou survenance des enfans.

Du Fréne, *ibid.* lib. 3. ch. 34. Tom. 2. part. 3. ch. 5. n. 641.

CHAPITRE XX.

Si les donations pour recompense de services sont sujettes à la disposition de la Loy si unquam.

Les Docteurs sont partagés sur cette question; les uns tiennent pour l'affirmative, sans limitation & sans restriction, & les autres pour la negative.

Julius Clarus est le premier, qui dit, que ces sortes de donations sont revoquées par le benefice de la Loy *si unquam*, en ce qui excede le service, qui en a été le motif & le fondement.

4. Sentent. § Donatio, quæst. 23. verb. quæro.

Monsieur Cujas tient une doctrine opposée; il enseigne que les donations pour recompense de services, sont revoquées pour le tout.

Lib. 20. observat, c. 5.

Socin tient que la donation faite pour recompense de services, n'est pas revoquée par le benefice de la Loy *si unquam*, quoi qu'on n'ait pas fait mention du service dans l'acte de donation; *parce que*, dit-il, *c'est qu'il faut que les services ayent été rendus, pour dire que la donation est faite pour cause des services, & consequemment non recevable à la revoquer par les enfans nez après.*

Lib. 1. Consf. 147.

Jason & Dece se sont déclarez pour l'opinion de Julius Clarus, c'est-à-dire, pour la revocation de la donation, en ce qui excede les services; ensorte que selon ces Docteurs, la naissance ou survenance des enfans du Donateur, sert de fondement à cette revocation, par le remede de la Loy *si unquam*, en ce qui va au-delà des services rendus par le Donataire au Donateur.

Sur la Loy *2 Cod. de resc. vend.*

Cependant il est certain qu'il ne suffit pas dans les donations pour récompense de services, qu'on en ait parlé dans l'acte en termes vagues & generaux, mais il faut les specifier, & les détailler, suivant Balde, autrement elle ne passera jamais pour une donation pour recompense des services, ni devenir irrevocable; mais elle sera plutôt regardée comme une donation pure & simple, & par consequent revocable, par la disposition de la Loy *si unquam.*

In L. Illud, Cod. de sacros. Eccles. & Socin consf. 265.

C'est ce qui a porté tous les Docteurs, à la reserve de M. Cujas, d'établir pour maxime, que la donation pour récompense de services, peut être revoquée par le remede de la Loy *si unquam*, pour tout ce qui excede le merite ou les services du Donataire envers le Donateur.

La Jurisprudence des Arrests a confirmé & autorisé cette maxime. M. Maynard en rapporte un du Parlement de Toulouse, qui l'a jugé *in terminis*; cet Arrest n'ayant confirmé la donation que jusqu'à concurrence des services, & l'ayant revoquée pour ce qui les excedoit. Ce qui a porté ce sçavant Magistrat d'établir ce principe de Droit: *Omnis actus ex causâ permissus, suæ causæ commensurari debet.*

Liv. 4. c. 12.

Cette Jurisprudence, ainsi que l'atteste Ricard, (qui cite les Arrests qui ont fixé la maxime de l'irrevocabilité des donations, pour recompense de services) est universelle. Il y en a encore de plus récens dans le Journal du Palais qui l'ont jugé de la sorte, après avoir examiné l'opinion de tous les Docteurs & Interpretes; ensorte qu'il y a maintenant pour cette irrevocabilité, *series rerum perpetuò similiter judicatarum*, qui doit être une Loy respectable, dont il n'est point permis de s'éloigner, dans les questions qui regardent ces sortes de donations.

Tom. 2. part. 3. ch. 5. n. 614. & 615. Tom. 1. de la derniere édition, p. 144.

Decis. 35. n. fin. On finit par cette derniere maxime, qui nous est apprise par Monsieur le President de S. Jean, que la preuve des services du Donataire ne doit être ordonnée que lorsqu'elle a été faite en faveur d'une personne prohibée; parce que, selon mon sentiment, on doit présumer que la qualification de la donation pour récompense de services, ne doit point la faire regarder comme telle; mais que cette qualification n'est à l'égard du Donataire, personne prohibée que, *color quæsitus*, pour couvrir le dol & la fraude, qui ont servi de motif à la donation, qu'on a qualifiée pour récompense de services, pendant qu'elle n'étoit que pure & simple; ensorte qu'après que la preuve en aura été faite, s'il paroît que les services ne soient pas constatez, cette donation, quoique revêtuë du titre de *remunerandi causâ*, sera revoquée par le benefice de la Loy *si unquam.*

CHAPITRE XXI.

Si les Constitutions de Dot sont comprises dans la disposition de la Loy si unquam.

ON ne peut decider cette question que par le texte de la Loy *si unquam*, & l'opinion des Docteurs, au regard des Constitutions de Dot, faites par des étrangers à des filles qui ne leur sont point attachées par les loix du sang & de la nature, dans leurs Contrats de mariage; mais en ce qui concerne les Dots que le pere fait à sa fille, on fera voir en très-peu de mots, quelle est la maxime que l'on doit suivre.

La Loy *si unquam* est si claire, si expresse, pour les Dots constituées par les étrangers, qu'on ne peut sans imprudence contester sa décision: *Si unquam libertis*, porte cette Loy, *patronus filios non habens, bona omnia, vel partem aliquam facultatum; fuerit donatione largitus, & postea susceperit liberos, quidquid largitus fuerat revertatur in ejusdem Donatoris arbitrio.* Sur cette décision, il est certain que ce qu'un étranger donne dans le Contrat de mariage à une fille qui n'est point comprise dans le nombre de ses enfans, est une veritable donation, quoiqu'elle soit revêtuë du nom de constitution de dot, & que dans cette conjoncture elle doit être revoquée par le benefice de la Loy *si unquam*; parce que c'est une donation pure & simple de sa part, n'étant pas obligé de doter cette fille; d'où il s'ensuit que cette constitution de dot que l'étranger lui a faite dans son Contrat de mariage, est veritablement dans le cas de cette Loy, lorsque cet étranger vient à mettre des enfans au monde.

Nota. 7. ad L. si unquam. Cette raison paroît si juste & si naturelle, qu'elle est expliquée par Godefroy, dans une de ses notes: *Sed & quivis alius præter Patronum*, dit-il, *quia in omnibus ratio hujus legis valet posita in pietatis conjectura, quia nemo verisimiliter donat in perpetuum, qui de liberis suscipiendis cogitat.* Il s'ensuit de cette doctrine que la présomption de l'amour & de la tendresse que le pere a pour ses enfans, est un des plus puissans motifs pour faire revoquer la donation faite par un étranger à constitution de dot, dans un Contrat de mariage, au moment qu'il vient à donner la naissance à des enfans après cette constitution, parce qu'il n'est pas vrai-semblable, qu'il eût voulu préferer une fille qui n'est point dans sa famille lorsqu'il lui a fait cette liberalité, s'il eût cru qu'il eût dans la suite des enfans legitimes.

Lib. 4. Cons. 21. C'est sur l'opinion de Godefroy, qu'est fondée celle d'Alexandre, qui tient pour l'affirmative, & dont les raisons ont été embrassées par les Docteurs qu'il cite. Il s'explique en ces termes: *Cette constitution de dot faite par un étranger, est proprement une liberalité quant au Donateur, & un titre lucratif pour la fille à laquelle il donne.*

Pag. 41. Papon, dans son Commentaire, tient la même opinion qu'Alexandre, & ajoute en même temps, que *telle donation est pure, liberale, & dont la cause n'est aucunement en la faveur de celui qui donne, mais seulement au profit du Donataire:* en sorte que cette constitution de dot faite par un étranger à la fille d'un autre, est simple, & par consequent dans le cas de la dispositionde la Loy *si unquam.*

Mais il ne faut pas dire la même chose de la dot faite par un pere à sa fille; parce que d'un côté elle ne peut pas être revoquée par la naissance ou survenance des autres enfans qui viennent au monde après la constitution, & qu'elle ne doit pas être regardée comme une donation simple, mais comme une donation pour cause de nôces, dont le mariage de la fille est la cause finale, suivant Papon, au même endroit. D'un autre côté, si la donation universelle ou de la plus grande partie des biens faite par un pere à son fils, est seulement sujette au retranchement, en faveur des enfans du Donateur nez après la donation, jusqu'à concurrence de leur legitime, suivant la décision de la Loy *si totas*, il en doit être de même de la dot qui emporte tout le patrimoine ou facultez d'un pere, ou la plus grande partie de ses biens; laquelle est sujette au même retranchement, selon les Loix qui sont sous le titre du Code, *de inoffic. dotib.* En un mot, ces sortes de constitutions de dot qui épuisent toutes les facultez du Constituant ou Donateur, marchent d'un pas égal avec les donations immenses, dont j'ai déja parlé plus haut; parce que le pere par cette dot ne peut point priver les autres enfans nez après la constitution, du *debitum naturale*, selon le langage des Loix; en sorte que cette dot ne peut se garantir du retranchement dont on vient de parler: & il est certain, qu'une semblable question armeroit les Juges & les Magistrats d'une juste indignation, contre ceux ou celles qui contesteroient le retranchement de cette constitution de dot, jusqu'à concurrence de la legitime des autres enfans nez après qu'elle a été faite. *Cod. de inof. donat.*

CHAPITRE XXII.

Si la donation à cause de mort peut être revoquée par le remede de la Loy si unquam.

LE premier des Docteurs & Interpretes qui a traité cette question, & dont l'autorité est d'un très-grand poids, est le sçavant Godefroy, qui dit que la donation à cause de mort doit être revoquée par la naissance ou survenance des enfans du Donateur: *multò faciliùs donatione quæ pœnitentia revocari potest, etiam non susceptis liberis.* *Nota. M. ad L. si unquam.*

Papon, en son Commentaire sur la Loy *si unquam*, pag. 43. suit la doctrine de ce grand Interprete: *Car donation*, dit-il, *apporte un grand préjudice, comme étant irrevocable: mais le legat peut être revoqué tacitement ou par exprès, par ainsi la Loy a voulu ordonner sur la donation en laquelle il y a plus de danger, le même; & la même raison doit être entenduë en donation à cause de mort, qui est regulierement comparée à une derniere volonté & aux legats.* Or les legs & les dernieres volontez pouvant être revoquez jusqu'au moment de l'agonie de celui qui ne veut pas qu'ils ayent lieu, ne s'ensuit-il pas de-là que la donation à cause de mort peut être revoquée par le remede de la Loy *si unquam*? Si suivant cet axiome de Droit, *Ambulatoria est hominis voluntas usque ad mortem*, on peut toujours revoquer sa derniere volonté: on peut par identité de raison revoquer une donation à cause de mort.

Paul de Castro se déclare expressément pour Godefroy & Papon, en ce qu'il tient que la Loy *si unquam* a lieu dans le cas des donations à cause de mort. Cornæus suit l'exemple de Paul de Castro, par deux raisons qu'il allegue, 1°. Qu'il y a pareille identité d'argumenter du cas de la donation pure & simple, à la donation à cause de mort. 2°. Qu'un argument des Contrats aux dernieres volontez est valable, & se soutient de lui-même par le secours de la Loy qu'il cite pour l'appuyer. *L. 4. Cons. 433. Ibid. Cons. 244.*

Ricard est le dernier des Auteurs qui a examiné cette question avec beaucoup de solidité: *J'estime pour mon particulier*, dit-il, *que la raison de cette Loy y peut bien être appliquée; & que comme les legs & les testamens ont plus d'aptitude pour être revoquez, que les donations entre-vifs, & que les legs sont même revoquez par la presomption d'une volonté contraire, qui se collige de ce qui s'est passé depuis que le testament a été fait, qu'il y a encore plus grande raison de dire, que les Codicilles des Romains, leurs donations à cause de mort & nos Testamens doivent être presumez revoquez par la survenance des enfans, que non pas les donations entre-vifs.* *Part. 3. c. 5. t. 2 no. 618.*

La question décidée par tant d'autoritez, ne souffre donc plus de difficulté.

CHAPITRE XXIII.

Si les Codicilles sont revoquez par la disposition de la Loy si unquam.

LA question que je vais traiter, dépend des mêmes principes que la précedente. Les Codicilles qui sont des actes de derniere volonté, ne contiennent jamais que des legs ou fideicommis, dont on n'avoit pas fait mention dans le testament, parce que nos Docteurs appellent le Codicille *Pars & sequela testamenti* : or on ne peut douter que les legs sont revoquez par la naissance ou survenance des enfans nez après le Codicille, comme l'attestent la Glose sur la Loy 1. dans un des titres du Code, & Azon, *in Authent. ex causa de liberis præterit.* au Code, lorsque le pere codicillant ne pensoit pas au posthume né après le Codicille, qui contient les legs que sa naissance fait revoquer, suivant Barthole; donc les fideicommis & les legs qui composent le corps du même Codicille, doivent être revoquez par la survenance du posthume; & par consequent le Codicille l'est entierement dans les circonstances qu'on vient de marquer.

Cod. de posth. hæred. inst.

Sur l'Auth. *ex causa. C. de liber. præter.*

Mais cette maxime n'a pas lieu, lorsque le pere sçachant la naissance de ce posthume, a neanmoins oublié de le nommer dans son Codicille, parce que dans ce dernier cas il est certain que le posthume ne peut implorer le secours de la Loy *si unquam*, pour le faire revoquer.

Des Don. t. 2. part. 3. ch. 5. nº. 624.

Cette doctrine n'est pourtant pas suivie par Ricard, sur cette question: *Mais il faut prendre garde*, dit-il, *de quelle façon le testament ou Codicille est revoqué en ce cas, & que ce n'est pas directement & de plein droit; mais seulement que les dispositions qui y sont couchées, demeurent sans effet par la presomption de la volonté du Testateur; de sorte que si les legs sont de telle qualité, que l'on peut presumer que le Testateur n'eût pas laissé de les faire, encore qu'il eût prevû la naissance des enfans qui lui sont survenus, il faut dire, comme nous avons fait à l'égard des donations entre-vifs, qu'ils doivent demeurer dans leur force, & être pleinement executez.* Il paroît par le sentiment de cet Auteur, que quand le pere fait des legs dans son Codicille, il ne peut pas exclure les enfans qui naissent, au préjudice de ce que les Loix du sang & de la nature leur donnent, selon cette maxime de Droit: *Filius ergo hæres*; mais il doit demeurer, pour constant que ces legs ne sont pas revoquez par la survenance de ces enfans, parce qu'ils ne blessent point les droits qu'ils peuvent prendre sur les biens de leurs peres, qui ne peuvent les en priver, suivant l'Authentique *ex causa*, si connuë dans le Droit Romain.

Au Cod. *de lib. præterit.*

CHAPITRE XXIV.

Si les Testamens sont revoquez par la disposition de la Loy si unquam.

ON ne peut traiter cette question avec ordre, qu'en examinant tout ce qui peut avoir quelque liaison ou connexité avec elle

L. 4. Cons. 93.

Socin a tenu l'affirmative, au regard des legs faits dans un Testament. Ce Docteur dit, que nonobstant la clause codicillaire mise dans un Testament, la naissance ou survenance des enfans du Testateur les fait revoquer par le benefice de la Loy *si unquam.*

In L. gener. §. ex testam. verb. const. de fideicom. libert. au ff.

Accurse a tenu l'opinion contraire, sçavoir que la naissance des posthumes ne fait pas revoquer les legs qui sont entretenus par l'Authentique *ex causa*, qu'on a citée plus haut.

Barthole, sur l'Authentique *ex causa de liber. præterit.* au Code, tient un milieu entre l'affirmative & la negative, par cette distinction judicieuse: que si le posthume ou l'enfant l'enfant qui étoit né lors du testament, a été oublié par ignorance, ou que le pere ne sçût pas qu'il a un fils, qui est venu au monde dans ce temps-là, ou qu'enfin il crût qu'il fût mort, l'Authentique *ex causa* ne peut avoir son effet pour les legs, parce qu'ils sont revoquez par la disposition de la Loy *si unquam.*

L'opinion de ce Docteur a été suivie par Papon: *Ce qui est vrai*, dit-il, *selon les mêmes Auteurs, encore qu'il y ait au même testament clause codicillaire.* Ricard parle encore en termes plus clairs; voici ses paroles: *Premierement, quant aux testamens du Droit Romain, cette question n'y peut être appliquée en façon quelconque, d'autant qu'ils ne pouvoient avoir effet, s'il n'y avoit été fait mention expresse des enfans nez & à naître, & qu'ils n'eussent été nommément instituez ou exheredez.* Dans un autre endroit: *J'estime pour mon particulier*, dit-il, *que la raison de cette Loy y peut très-bien être appliquée; & que comme les legs & les testamens ont plus d'aptitude pour être revoquez que les donations entre-vifs, & que les legs sont même revoquez par la presomption d'une volonté contraire, qui se collige de ce qui s'est passé depuis que le testament a été fait; qu'il y a encore plus grande raison de dire que les Codicilles des Romains, leurs donations à cause de mort, & nos testamens, doivent être presumez revoquez par la survenance d'enfans, que non pas les donations entre-vifs.* T. 2. part. 3. c. 5. no. 518. Ibid. num. 521.

Cette maxime est si certaine, que si le pere oublie d'instituer ou d'exhereder ses enfans posthumes, le testament qu'il a fait doit être cassé, suivant l'Authentique *ex causa*, & la Novelle de l'Empereur Justinien 115. *chap.* 3. & si selon Godefroy ces posthumes sont fondez de venir contre le même testament, *bonorum possessione contra tabulas*, ne s'ensuit-il pas de-là que la naissance ou survenance du posthume qui fait casser le testament, dans lequel son pere l'a préterit au moment qu'il vient au monde; qu'il peut se servir, tant en son nom qu'en celui du même Donateur, du remede de la Loy *si unquam*, pour faire revoquer la donation que son pere avoit faite avant sa naissance *ipso jure?* Nota. R. ad L. Ult. cod. de lib. praeterit.

D'ailleurs, si un pere ayant fait son testament en faveur d'un étranger ou collateral, a oublié d'y nommer le posthume, n'est il pas certain que, *agnatione posthumi vel posthuma cujus non meminit testamentum ruptum est*, suivant la décision d'une des Loix, qui sont sous le titre du Code *de posthum. hæred. instituendis*? Peut-on contester cette maxime? Ne doit-elle pas s'appliquer aux testamens faits par les peres où les posthumes n'ont pas été nommez, pour les faire revoquer au moment qu'ils viennent au monde? L. 1.

En un mot, si l'on ne peut douter que le pere ou l'ayeul sont obligez de laisser à leurs fils ou petits-fils, la legitime à titre d'institution d'heritiers, & non à titre de donation, legs ou fideicommis, n'en doit-on pas conclure que la naissance ou survenance des enfans après le testament, où le pere les a oubliez ou privez de son heritage, sans specifier la cause, le fait revoquer de plein droit; & que cette revocation a le même effet que celle d'une donation, qui se fait *ipso jure*, par le benefice de la Loy *si unquam?*

CHAPITRE XXV.

Si les donations ob causam, *ou pour cause, sont comprises dans la disposition de la Loy* si unquam.

Le docte Connan nous apprend que les donations entre-vifs faites pour cause, ne sont point comprises parmi celles qui se revoquent par la naissance ou survenance des enfans du Donateur: la raison qu'il en donne est, que ce ne sont pas de veritables donations entre-vifs, & que les Jurisconsultes ne les regardent que comme des loyers, des offices ou plaisirs, comme si elles sont faites à la charge que le Donataire sera pleige ou caution du Donateur, ou si on lui rend service dans certains cas. Tit. des Donat.

Mais l'on ne doit pas dire la même chose, lorsqu'on fait une donation universelle de tous ses biens, pour obliger le Donataire d'être sa caution, ou pour le porter d'apprendre la Grammaire au Donateur; ou enfin si la donation est faite lorsque le Donataire a rendu de bons offices au Donateur: car dans l'un ou l'autre de ces cas, il est certain que ces donations sont assujetties à la disposition de la Loy *si unquam*; parce Cormier. en son Cod. liv. 7. 2. part. no. 240.

que ces sortes de donations contiennent plus de liberalité de la part du Donateur, que de charge à l'égard du Donataire.

Cependant lorsqu'une donation est veritablement faite *ob causam*, pour cause, on ne peut douter qu'elle est irrévocable, ainsi que l'enseigne Papon, principalement lorsque la cause regarde totalement le Donateur, & qu'elle tourne à son profit ; parce que si elle ne regardoit que l'avantage du Donataire, comme si on faisoit une donation de la somme de 1000. écus à une personne, pour lui faciliter l'achat d'une maison, cette donation, dis-je, qui regarderoit l'achat pour sa cause finale, & qui lui serviroit de fondement, ayant pour principe la liberalité du Donateur, est reputée purement gratuite, & par la même raison soumise à la disposition de la Loy *si unquam*, c'est-à-dire revocable par la naissance ou survenance des enfans du Donateur.

En son Comment. sur la Loy *si unquam*, p. 33.

On ne doit pas croire que les donations *ob causam* soient toujours irrevocables, & hors du cas de la disposition de la Loy *si unquam* ; puisque, suivant Barthole, elle doit être regardée comme une donation pure & simple, en tout ce qui excede la cause mentionnée dans l'acte de donation : d'où il s'ensuit que cette donation n'est à couvert de la décision de notre Loy, que jusqu'à concurrence de la cause marquée dans l'acte qui la contient, suivant la maxime qui nous est apprise par une des Loix qui sont sous le titre *de legat.* 1. au ff. en sorte qu'il est hors de doute, que le caractere d'irrevocabilité n'est point attaché à la donation *ob causam* en tout ce qui excede la cause, lors de la naissance de enfans du Donateur.

Cons. 46.

L. quid ergo.

CHAPITRE XXVI.

Si les renonciations à un droit ou à un heritage acquis, peuvent être revoquées par le benefice de la Loy si unquam.

LA question que l'on va traiter dans ce Chapitre, a été envisagée de differentes manieres par les Docteurs. Les uns ont regardé les renonciations à un droit ou à un heritage qui nous est acquis, comme des donations entre-vifs qui peuvent être revoquées, & les autres ont tenu pour la negative : enfin il y en a qui ont pris un milieu entre l'affirmative & la negative ; c'est ce que l'on va établir par les differens cas que cette question renferme.

Maître Charles du Moulin propose pour maxime, que lorsqu'un droit à acquerir prend sa racine dans le tems present, la renonciation qu'on fait à ce droit, est une veritable donation, *qui peut-être revoquée*, dit-il, *ob supervenientiam liberorum.* Ce qui est d'autant plus certain, que ces droits étant clairs, liquides & incontestables, ces sortes de renonciations doivent passer sans difficulté pour des donations pures & simples, parce que les Donateurs ne les auroient point faites, s'ils avoient pensé aux enfans qu'ils pouvoient avoir dans la suite, n'étant pas à presumer qu'ils eussent voulu preferer des étrangers à leurs propres enfans.

Sur la Cout. de Paris, tit. 1. des Fiefs, §. 1. glos. 3. n. 12.

Papon en son Commentaire sur la Loy *si unquam*, se déclare formellement pour la même opinion : *Une renonciation à une dette*, dit-il, *peut-être revoquée par la naissance des enfans de celui qui l'a faite, parce que cette renonciation ou liberation étant gratuite, c'est une liberalité qui doit être regardée comme une donation.* Cet Auteur cite ensuite Cynus pour appuyer son opinion, & Balde *in L.* 1. *Cod. de pact.* On peut en tirer la raison d'une des Loix *de successor. edict.* au ff. dans laquelle le Jurisconsulte établit pour maxime, que *quod acquisitum est, repudiari non potest.*

Pag. 34.

Lib. 8. cons. 11.

L. 1. §. Decretal.

En effet, peut-on douter que la renonciation faite par une fille à la succession échuë de sa mere, des biens de laquelle elle a été dotée, est nulle, parce que c'est un droit acquis & assuré, suivant Dece ? N'est-il pas certain aussi que la renonciation faite par une fille majeure ou mineure par son Contrat de mariage, moyennant une somme qui ne lui est point payée comptant, mais après la mort de ses pere & mere, est nulle, suivant Brodeau sur M. Loüet ? Ne s'ensuit-il pas de là necessairement, que si cette renonciation est faite avant la naissance de ses enfans legitimes, elle est regardée comme une veritable donation entre-vifs, & par consequent revocable par la Loy *si unquam* ? On croit que sur ces principes il n'est personne au monde qui puisse le contester.

Dece cons. 230. & ibi du Moulin *verb. nocet.*

Lettre R. som. 18.

N'est-ce pas encore une maxime inviolable établie par du Moulin, que la renonciation à un heritage que l'on n'a point accepté avant qu'on la fit, s'il a été déferé à celui qui y a renoncé, cette renonciation, dit-on, doit-être regardée comme une donation pure & simple, qui doit être revoquée par la survenance des enfans de celui qui a fait cette renonciation par le remede de la Loy *si unquam?* Tit. 1. des Liefs, §. 1. glos. 3. n. 12.

Le même Docteur ne dit-il pas aussi dans l'endroit qu'on vient de citer, que la renonciation à une donation que l'un des Donataires n'a point acceptée, est une veritable donation qui doit être revoquée par la naissance ou survenance des enfans de la personne qui l'a faite ; d'où il s'ensuit, que dans ce dernier cas, de même que dans le precedent, il faut avec justice que la Loy *si unquam* soit gardée exactement, & que le Donataire qui a renoncé à la donation avant de l'avoir acceptée, soit en droit de faire casser cette renonciation par le remede de cette Loy après la naissance ou survenance de ses enfans ?

Cette doctrine est suivie par Cornée, qui assure que la renonciation à un droit acquis, est une veritable donation, qui doit par consequent être revoquée par la naissance ou survenance des enfans de celui qui a fait cette renonciation ; parce qu'il n'est pas vrai-semblable, selon mon sentiment, qu'il eût renoncé à ce droit, s'il eût cru avoir des enfans dans la suite ; & qu'on ne doit point présumer qu'il voulût préferer un étranger à ses enfans. *Lib. 3. cons. 11.*

Mais il ne faut pas dire la même chose d'un droit à acquerir dans la suite, parce que la renonciation que l'on fait en ce cas ne peut jamais passer pour une donation, principalement lorsque la fille, par exemple, étant mariée sous une constitution de dot, fait une quittance generale en faveur de son pere & de ses freres par son contrat de mariage, avec renonciation speciale de tous les droits qu'elle pourroit pretendre sur ses biens, ainsi qu'il nous est appris par Papon, lorsqu'il dit : *Et partant cette Loy* (si unquam) *n'aura lieu, & ne pourra la fille ni ses enfans nez après, venir contre cette quittance.* C'est encore le sentiment de Brodeau sur M. Loüet lettre R. En son Comment. sur la Loy *si unquam*, p. 34. Som. 17.

Cette maxime doit être pourtant limitée dans le cas d'une fille majeure, sans qu'on puisse l'étendre à une mineure, à moins qu'elle ne ratifie dans sa majorité cette renonciation ; car si elle ne le fait pas, elle peut être restituée envers sa quittance, *non tanquam minor*, *sed tanquam læsa*, pourvû qu'elle vienne par des Lettres Royaux dans les 10. ans portez par l'Ordonnance de Loüis XII.

La renonciation d'une fille à la succession future du pere, qui lui a constitué une dot par son Contrat de mariage, n'est point un acquit gratuit, selon Balde, ni une donation, principalement quand elle l'a faite dans sa majorité : en sorte que cette fille ni ses enfans, ne peuvent pas revoquer cette renonciation, ni reclamer en leur faveur le privilege de la Loy *si unquam* ; parce qu'on doit presumer que quand elle a fait cette renonciation dans son Contrat de mariage, *cogitavit de liberis*, & qu'ainsi elle est indigne du secours des Loix, pour la faire casser. Sur la Loy *Illud*, *Cod. de sacros. Eccles.*

On ne doit pas obmettre ici, que celui qui soutient que la renonciation qu'il a faite est gratuite, est obligé, selon le sentiment de Barthole, de le prouver, parce que *nemo præsumitur velle jactare suum.* Mais cette maxime n'a pas lieu, lorsque la renonciation est faite simplement, & que celui en faveur de qui elle a été passée, prétend qu'elle n'est pas gratuite, ainsi que le remarque Papon ; car dans ce dernier cas, le porteur de cette renonciation est obligé d'en faire lui-même la preuve. *In L. 1. ff. de transact.* En son Comment. sur la Loy *si unquam*, p. 35.

Enfin Ricard paroît être d'un sentiment singulier sur cette question, lorsqu'il dit, *que toutes ces questions particulieres* (parmi lesquelles il comprend les remises de Droit) *qui ne manquent jamais d'être faites sur toutes sortes de matieres, ne servent qu'à remplir les volumes inutilement, ayant déja dit plusieurs fois qu'elles se résoudent en deux mots, & qu'il ne falloit pas considerer la forme du Contrat pour juger si c'est une donation ou un Contrat d'une autre espece, mais qu'il falloit s'arrêter à ce qui s'étoit passé en effet entre les parties :* en sorte que selon cet Auteur, les questions qui regardent les renonciations ou remises dépendent de l'examen des circonstances de ce qui peut avoir porté les parties à le faire, & non pas de la forme dont elles sont revêtuës ; qu'on ne doit les regarder comme des donations, que quand il paroît veritablement après les avoir examinées, que ce sont des donations ; & qu'il est necessaire d'entrer dans la volonté & l'intention des parties, pour voir comment on doit qualifier ces renonciations ou remises. Tom. 2. part. 3. c. 5 n. 612.

CHAPITRE XXVII.

Si la Loy si unquam *a lieu dans les donations faites à un Ecclesiastique pour lui servir de titre Clerical ou Sacerdotal.*

IL paroît d'un côté que la Loy *si unquam* doit avoir lieu dans les donations faites à des Ecclesiastiques, pour leur tenir lieu de titre Clerical ou Sacerdotal, lors de leur promotion aux Saints Ordres : la faveur des enfans du Donateur, le privilege que cette Loy leur donne, tout semble concourir pour eux, & devoir produire cette revocation pour ne les priver pas des droits que les Loix du sang & de la nature ont attachez à leur naissance, que les Docteurs appellent *Debitum bonorum subsidium.* De l'autre côté l'Ordonnance d'Orleans, les Loix Canoniques, l'éminence du Sacerdoce, l'auguste titre de Ministre des Saints Autels, & la fin qu'on se propose lorsqu'on fait cette donation, qui est d'empêcher qu'un Ecclesiastique ou Prêtre promû aux Ordres sacrez, ne soit point exposé à la dure & fatale necessité de mandier son pain, *in opprobrium Cleri* : tout semble parler en faveur de celui des enfans à qui le pere fait une semblable donation, pour qu'il ait le moyen de vivre dans cet état éminent auquel Dieu l'a appellé pour l'administration des Sacremens aux Fideles.

La donation faite à un Ecclesiastique ou Prêtre pour lui servir de titre Clerical ou Sacerdotal, est si privilegiée, si favorable, que selon Monsieur le Chancelier Jean le Fevre, elle n'est point soumise au droit de rapport : *Presbiter non tenetur conferre*, dit-il, *illud quod pater dedit, vel ei assignavit in susceptione Ordinum* : Or ce privilege mettant ce titre Clerical ou Sacerdotal à couvert de la legitime des autres enfans du pere qui l'a assigné, ne s'ensuit-il pas de là qu'il n'est point sujet à la disposition de la Loy *si unquam* ?

Ad L. si Emancipatis, n. 2. de collat. au Code.

La Jurisprudence des Arrests a porté la faveur du titre Clerical si loin, qu'il a été jugé par le Parlement de Paris, que le fils Prêtre ou promû aux Saints Ordres, qui renonce à la succession de son pere, n'est pas obligé de rapporter aux créanciers posterieurs à sa donation l'heritage qui lui a été donné pour son titre Sacerdotal par le pere.

Lettre D. som 56.

Chopin établit encore pour maxime en faveur du titre Clerical, que le fils Prêtre ou Ecclesiastique qui renonce à la succession de son pere, n'est pas obligé de rapporter ce titre Clerical, soit aux coheritiers, soit aux créanciers, quelque qualité & quelque préference qu'ils puissent opposer ; ce qui fut jugé par Arrest du même Parlement du 12. Decembre 1619.

Lib. 3. in Cons. Andegavens. c. 1. tit. 3. n. 5.

Cravetta rencherit sur toutes les maximes qu'on vient d'établir ; car il dit, que la donation faite par un pere à son fils *contemplatione Clericatûs*, *non imputatur in legitimam* : Or si les Loix, les Docteurs & les Arrests ont donné tant de privileges au titre Clerical ou Sacerdotal d'un Prêtre ou Ecclesiastique à lui assigné par forme de donation, il s'ensuit necessairement que cette donation est irrevocable, & qu'elle n'est point comprise dans la disposition de la Loy *si unquam*, par la naissance ou survenance des autres enfans qui viennent au monde après cette attitulation.

Cons. 136.

En effet, peut-on douter que ce titre Clerical est une donation onereuse, ou pour mieux dire un Contrat qui n'a point de nom propre & specifique, suivant Brodeau sur M. Loüet en l'endroit déja cité ? N'est-il pas certain que cette donation servant d'attitulation au Prêtre ou Ecclesiastique qui va être promû aux Saints Ordres, n'est point sujette à insinuation, ainsi que le remarque Ricard ? N'est-elle pas regardée comme une obligation du pere envers son fils pour l'empêcher de mandier son pain ? De sorte que selon ces maximes, c'est une donation *ob causam*, qui n'est point assujettie à la disposition de la Loy *si unquam.*

Tom 2. des donat. part. 1. c. 3. n. 553.

Je dis plus, cette donation faite par le pere à son fils pour lui servir de titre Clerical ou Sacerdotal, est si peu sujette à la décision de la Loy *si unquam*, que selon Gratien, elle ne peut pas être revoquée lorsque ce fils s'est fait Prêtre ; ce qu'il appuye sur l'autorité d'un grand nombre de Docteurs qu'il cite avec beaucoup d'exactitude : ainsi de quelque côté qu'on envisage cette attitulation, il est certain que ne pouvant être revoquée lorsque le fils a qui elle a été faite, s'est fait promouvoir à la Prêtrise, on

Discept. forens. t. 1. c. 159. n. 19.

on ne peut soutenir qu'elle puisse l'être par la naissance ou survenance des autres enfans de celui qui la lui a assignée ; par le benefice de la Loy *si unquam* ; d'autant plus que quand cette donation lui a été faite, le Donateur étant marié, il est certain qu'on ne peut douter que dans cette circonstance *cogitavit de liberis*, & qu'ainsi elle est devenuë irrevocable.

Enfin s'il restoit quelque doute à former sur cette question, pourroit-il subsister après l'Ordonnance d'Orleans ? Cette Ordonnance ne porte-t-elle pas en termes formels, que nul ne peut être promû aux Saints Ordres, qu'il n'ait un temporel assigné, ou un Benefice suffisant ? Ne voit-on pas par les termes dans lesquels cette Loy generale est conçuë, qu'il faut necessairement que ce fils de famille ait l'un ou l'autre, & que n'ayant point de Benefice, le pere est obligé de lui faire une donation ? De sorte que cette donation étant une charge, une desemparation d'une partie de ses biens à titre onereux, qui n'a d'autre cause, ni d'autre motif, que l'entrée de son fils dans les Saints Ordres, il s'ensuit que cette donation étant inalienable, & non sujette à aucunes hypotheques, suivant la même Ordonnance d'Orleans, elle n'est point assujettie à la Loy *si unquam* par la naissance ou survenance des autres enfans du Donateur après la donation faite à celui qui est appellé à l'auguste Ministere de l'Autel, pour son entretien, ainsi que cette Ordonnance le porte en termes exprès. Cod. H. liv. 1. tit. 5. n. 2.

Mais si cette donation, ou titre Clerical d'une rente viagere ou pension, étoit assignée par un collateral ou étranger, à un Ecclesiastique qui veut être promû aux Saints Ordres, il est certain qu'elle ne joüit pas du même privilege que celle qui est faite par le pere, suivant la Jurisprudence des Arrests rapportez par Brodeau ; parce qu'elle doit être regardée comme une liberalité, comme une donation pure & simple, revocable par le benefice de la Loy *si unquam*, puisqu'elle est sujette à l'insinuation prescrite par l'Ordonnance ; en sorte qu'elle seroit nulle, si elle n'avoit pas été insinuée. Lettre D. som. 56.

Cette maxime n'auroit pas lieu neanmoins au regard de la revocation de l'attitulation, si le collateral qui l'a assignée lors de la promotion aux Saints Ordres, étoit marié ; parce qu'il est évident que lorsqu'il a fait cette donation pour servir de titre Clerical à l'Ecclesiastique son Donataire, *cogitavit de liberis* ; en sorte qu'il seroit non-recevable à vouloir se servir du benefice de la Loy *si unquam* pour aneantir cette donation, principalement si l'on fait reflexion que ne consistant qu'en une pension ou rente viagere, les enfans du Donateur n'ont pas sujet de se plaindre de la liberalité de leur pere, parce qu'elle reste toujours dans sa succession après la mort du Donataire.

CHAPITRE XXVIII.

Si la vente d'un bien où la clause de donation est inserée, est sujette à la disposition de la Loy si unquam.

IL faut poser d'abord pour principe, que la plus valuë d'un bien que l'on vend, est une pure liberalité & une veritable donation entre-vifs, suivant Matthæus de afflictis ; en sorte que si cette plus valuë va au delà de 500. livres, elle doit être insinuée de même que l'acte où elle a été inserée, suivant Ludovicus Romanus & les autres Docteurs citez par Monsieur le President Boyer. *In L. Sancimus de Jur. Protomis. fol. 83. vers. item pras. don. Quast. 143. n. 2.*

De ce principe il s'ensuit que la vente passée *modico pretio*, est une donation entre-vifs, ainsi que le disent Cynus & Balde ; & par consequent quoique l'acte qui contient cette donation soit revêtu du titre de vente, c'est une de ces liberalitez dont parle le même Balde dans un autre endroit, lesquelles sont comprises dans la disposition de la Loy *si unquam* ; car ce Docteur dit qu'elle doit être regardée dans le cas d'une vente faite à vil prix, quand elle contient donation de la plus valuë. *In L. 1. C. de pact.* *In d. L.*

Cette maxime a lieu aussi, (suivant la plûpart de Docteurs) lorsque la vente contient une donation, en ce qui regarde la plus grande partie du prix, c'est-à-dire au delà de la moitié ; d'où il s'ensuit, que la naissance ou survenance des enfans du vendeur, peut faire revoquer cette vente par le remede de la Loy *si unquam*. *Barth. in l. Arist. circ. fin. ff. de act. empt. Lud. Rom. in L. 36. ff. de verb. obl. &c.*

Combien y a-t-il aussi de textes de Loix qui ont décidé, que les ventes faites à vil prix, doivent passer pour veritables donations, parce que la cause en est lucrative ? *L. 17. ad Sen. Vell. L. 28. de cont. Emp.*

Est-ce que ces sortes de liberalitez, quoique qualifiées d'actes de vente, ne tombent pas dans le cas de la disposition de la Loy *si unquam* ?

Il doit donc demeurer pour constant, que si quelqu'un a vendu un bien plutôt en vûë de le donner, que d'en faire une veritable vente, c'est une donation entre-vifs, ainsi que l'établit Cormier : c'est une liberalité de sa part, qui n'a pour principe, qu'une cause lucrative & gratuite, qui doit être revoquée par la naissance des enfans du vendeur qui sont venus au monde après l'acte de vente, par le benefice de la Loy *si unquam* ; en sorte que celui qui prétend être acquereur de bonne foi, ne peut pas s'opposer à cette revocation ; parce que c'est un privilege que les Legislateurs, la Loy & les Docteurs donnent aux enfans du vendeur.

Liv. 17. n. 235.

Papon tient cette opinion en termes très-clairs : 3°. *Il le faut entendre*, dit-il, *qu'il n'est pas seulement requis que ce qui excede le juste prix soit de tant, que de là on puisse faire rescinder le Contrat de vente ; mais il faut qu'il revienne à la moitié des biens du vendeur, ou à tout le moins soit tel & de si grande estime, que vrai-semblablement le vendeur ne l'eût voulu donner, s'il eût pensé avoir des enfans après.*

En son Comment. sur la Loy *si unquam*, p. 27.

CHAPITRE XXIX.

Si la disposition de la Loy si unquam *s'étend à la remise ou liberation d'une dette non liquide.*

IL semble d'abord que la negative doit l'emporter sur l'affirmative ; parce que ces sortes de remises ou liberations d'une dette non liquide, n'ont d'autre objet que d'empêcher qu'il ne s'éleve des procès entre le créancier & le débiteur, & qu'ainsi les enfans du premier ne peuvent pas reclamer de ces remises, ni leur pere les faire revoquer par la disposition de la Loy *si unquam*, principalement lorsque le creancier est majeur & instruit de ses droits & de ses veritables interests, & qu'il la fait avec une très-grande connoissance de cause.

Mais si l'on fait reflexion que la remise ou liberation d'une dette non liquide a, selon Balde, le même effet qu'une donation, on sera aisément convaincu que cette remise ou liberation est une pure liberalité, une veritable donation entre-vifs qui est par consequent revoquée par la naissance ou survenance des enfans du creancier qui l'a faite en faveur de son débiteur.

In L. 1. de pact. au Code.

La raison qu'on vient d'avancer est fondée sur ce que semblable remise ou liberation est sujette à la solemnité de l'insinuation, selon le même Docteur ; ensorte que dès que le débiteur est obligé de faire insinuer cette remise, il s'ensuit que c'est une donation entre-vifs, que le creancier lui a faite, & par consequent revocable par la naissance ou survenance des enfans du creancier.

In tractat. de pact.

Cette maxime que la remise d'une dette non liquide, est une veritable donation, est si incontestable, qu'un tuteur ou curateur ne peut pas la faire en faveur du débiteur de son pupile ou mineur, selon la Glose, sans connoissance de cause, c'est-à-dire *sine decreto judicis* : d'ou je conclus que la remise gratuite est une liberalité qui doit avoir le même effet que la donation entre-vifs ; en sorte qu'elle peut être revoquée par la naissance ou survenance des enfans legitimes du creancier.

In L. non solum de præd. & al. reb. min.

Je finirai l'examen de cette question par ce qui nous est appris par Papon, qui dit, *qu'il faut laisser le tout à la prudence du Juge qui estimera la quantité du debte, la qualité du d biteur, s'il est processif ou non, ou homme qui puisse facilement corrompre ou divertir les preuves de cette liquidation, si les preuves futures sont faciles ou difficiles, s'il eût plus coûté à faire les preuves & liquider ledit droit, que de profit, comptant en calcul de Justice les peines, voyages & d pens.*

En son Comment. sur la Loy *si unquam*, p. 86.

Le point décisif de la question, touchant cette remise d'une dette non liquide, depend donc des circonstances du fait & du caractere du débiteur à la décharge duquel elle a été faite ; ensorte qu'après avoir examiné si la dette non liquide est envelopée de contestations ; si elle est importante ou non, le principe d'où elle dérive, la qualité de la dette ; si la liquidation est d'un grand circuit, ou si elle peut être faite d'un seul coup de plume ; si le débiteur est un homme fin, rusé & artificieux, ou s'il est homme de probité & bonne foy ; après avoir examiné, dit-on, toutes ces circonstances, il faudra necessairement se déterminer en faveur de celui d'entr'eux dont la droiture & la bonne foy se manifestent d'abord; en y ajoutant neanmoins cette reflexion du même Papon, si le creancier eût quitté cette dette, ayant pensé aux enfans qu'il pouvoit avoir après cette remise, ou s'il ne l'auroit point fait; circonstances que l'on doit avoir toujours devant les yeux, lorsqu'on traite semblables questions, pour ne les décider pas à l'aveugle, & contre les plus purs principes du Droit.

CHAPITRE XXX.

Si la remise d'une dette procedant d'arrerages d'interests, est comprise dans la disposition de la Loy si unquam.

LA Glose paroît d'abord décider cette question, lorsqu'elle dit que la remise des arrerages d'interests n'est point sujette à la disposition de la Loy *si unquam*. En effet cette remise n'est point une donation entre-vifs, elle n'est point sujette à l'insinuation, selon le sentiment d'un grand nombre de Docteurs, sur la Loy *Modestinus*, *ff. de donationibus*, qui disent, que la remise des interests passés ou à venir n'est point comprise parmi les donations qui doivent être insinuées.

In l. Preses Cod. de transact.

D'ailleurs ces sortes de remises ont pour principe une necessité de bonne foy, que tout le monde doit suivre & garder inviolablement, sans en excepter même celui qui administre le bien d'autrui, selon le texte de la Loy *quoties*; ensorte que le creancier majeur qui feroit remise à son debiteur des arrerages d'interests d'une somme principale qu'il lui doit, ne seroit pas reçu, étant marié & ayant des enfans, ou même n'en ayant aucuns, (quoiqu'il fût encore en état d'en avoir) de faire revoquer cette remise après la survenance des mêmes enfans, sur le fondement qu'il feroit au cas de la disposition de la Loy *si unquam*; parce qu'il est à présumer que ce creancier *cogitavit de liberis*, & qu'il ne peut pas faire revoquer cette remise après la survenance des enfans nez.

ff. de Admin. Tut.

CHAPITRE XXXI.

Si la renonciation à un procès est comprise dans la disposition de la Loy si unquam.

LA question que l'on va examiner, a non seulement partagé les Docteurs, mais elle a donné lieu à des limitations & distinctions, sur lesquelles il faut être toujours en garde, pour ne pas tomber dans des contradictions évidentes.

Socin a regardé sans distinction la renonciation à un procès comme une donation entre-vifs, & l'a soumise à la Loy *si unquam*.

Lib. 3. conf. 20.

Cette décision est trop generale & trop vague; la Glose y met une limitation necessaire: elle enseigne que si un plaideur renonce simplement à un procès, & qu'il soit prouvé qu'il ne l'a fait, que parce qu'il étoit persuadé que son procès ne pouvoit se soutenir d'aucun endroit, & nullement dans l'intention de faire une donation à l'autre en faveur de qui la renonciation est faite, ce désistement ou renonciation ne peut pas tomber dans la disposition de la Loy *si unquam*.

In l. si maritus, §. si negaverit, ff. de adulter.

Papon donne une autre limitation encore plus étroite; c'est que celui qui a un procès auquel il renonce, & qui paye comptant une somme, lors de la renonciation, pour sortir d'affaire, cette renonciation doit passer pour une donation entre-vifs, non pas pure & simple, mais pour cause, qui n'est point soumise à la decision de la Loy *si unquam*; ce qui me paroît très-juste, parce que celui qui renonce à un procès, & compte en même tems une somme d'argent à sa partie pour ne l'avoir plus, ne le fait que *ad redimendam vexationem*, & que ce département a pour motif une cause qui la fait considerer comme une liberalité *ob causam*, comme une donation onereuse à laquelle la naissance ou survenance des enfans ne peut donner atteinte.

En son Comment. sur la Loy *si unquam*, p. 37.

Il paroît neanmoins dans le cas d'une renonciation pure & simple à un procès, que la décision de la question, qui consiste à sçavoir si c'est une donation qu'on puisse faire revoquer par le benefice de la Loy *si unquam*, ou si c'est une autre espece de Contrat, *pendet ex arbitrio Judicis*, qui doit mûrement examiner si celui qui a fait cette renonciation y a été porté par un esprit de crainte & de frayeur, ou à cause de l'horreur qu'il a pour les procès, aimant mieux perdre le droit qui avoit fait naître les contestations respectives, que de plaider, ainsi que le décide le Jurisconsulte Ulpien en la Loy *item si res*, vers. *non tamen*, §, 1. en ces termes : *Non tamen ejus factum improbat Prætor, qui tanti habuit re carere, ne propter eam sæpius litigaret; hæc enim verecunda cogitatio ejus qui lites execratur, non est vituperanda.* Il faut aussi que le Juge fasse attention au caractere de l'homme qui a fait une renonciation pure & simple à un procès, si cet homme croyoit n'avoir aucun droit pour le soutenir, ou si étant chagrin & las des frais qu'il a été obligé de fournir pour la poursuite de ce procès, l'un ou l'autre l'a porté à s'en désister. Enfin il est necessaire que ce Juge considere, si celui qui a fait cette renonciation, étant fondé dans la poursuite du procès, l'a neanmoins voulu faire en faveur de sa partie, avec laquelle il étoit uni d'une étroite amitié, ou si lorsqu'il a renoncé au procès, *cogitavit de liberis*, parce que dans cette circonstance, il seroit indigne de reclamer en sa faveur le secours de la Loy *si unquam*, à laquelle il paroît avoir renoncé.

ff. de alien. judic. mutand. caus. fact.

Mais lorsqu'aucune de ces circonstances ne se rencontre dans le tems du jugement du procès où il est question de la revocation de la renonciation qu'on a faite, on doit presumer qu'elle a eu pour cause ou pour motif la crainte qu'on avoit de n'être point fondé dans ce procès, en sorte que reconnoissant de bonne foy qu'on devoit s'en desister, cette renonciation ne peut jamais être regardée comme une donation, pour y appliquer la disposition de la Loy *si unquam*.

En effet, n'est-il pas vrai que dans le doute, quand on est dans cette derniere circonstance, on ne doit jamais croire que la renonciation à un procès, quoique pure & simple, soit une donation entre-vifs, selon la doctrine de la Glose & de Barthole, mais plutôt une erreur de droit en son affaire propre, envers laquelle on ne peut être restitué, & moins encore en reclamer ?

In L. quæ dotis, ff. solut matrim.

En un mot, il doit demeurer pour constant, suivant Papon, que celui qui renonce à un procès après y avoir mûrement refléchi, ne peut se servir de la disposition de la Loy *si unquam*, pour faire revoquer sa renonciation, parce qu'on ne peut présumer qu'il ait voulu donner son bien.

En son Comment. sur la L. *si unquam*, p. 58.

CHAPITRE XXXII.

Si la disposition de la Loy si unquam *comprend les dotations spirituelles.*

Il faut d'abord poser pour maxime, qu'il est permis, (ainsi que l'établit Brodeau,) aux peres & meres de donner pour dot à leurs filles, qui veulent entrer en Religion, ce qu'ils jugent à propos, *ad libitum*, suivant l'ancienne Jurisprudence des Arrests, soit en heritages, deniers ou rentes perpetuelles ou viageres : *sinon*, ajoute Brodeau, *qu'il y eût de l'excès ou inofficiosité :* Or cette dotation spirituelle étant sujette à la plainte d'inofficiosité, lorsqu'elle tombe dans l'excès, selon cet Auteur, il s'ensuit par une consequence necessaire, qu'elle n'est assujettie au retranchement, suivant la Loy *si totas*, que jusqu'à concurrence de la legitime des autres enfans, mais jamais à la disposition de la Loy *si unquam*, *Cod. de revocand. donat.* ne pouvant qu'être retranchée en faveur des autres enfans.

Sur M. Loüet lettr. C. som. 8.

Cod. de inoffic. donat.

D'ailleurs quand le pere ou la mere fait une dotation à sa fille pour son entrée en Religion, cela n'est-il pas regardé comme un mariage spirituel de la fille lorsqu'elle a fait sa profession ? Peut-on douter que dans cette occasion le pere ou la mere, ayant d'autres enfans, *cogitavit de liberis ?* Cette dotation peut-elle être soumise à la disposition de la Loy *si unquam*, en faveur des enfans survenus après ce mariage spirituel ? Doit-on presumer que l'on n'ait point pensé à ses enfans, lorsqu'on est en état ou d'en avoir, ou qu'il y en a, quand on l'a faite ?

Il

Il est vrai que depuis l'année 1632. jusques en 1667. selon le Decret du Concile de Latran, tenu sous le Pontificat d'Innocent III. il avoit été défendu par trois Arrests de Reglement, d'exiger aucune somme en deniers pour la reception des Novices à l'habit ou à la profession ; mais par une Déclaration du feu Roy de glorieuse memoire, en date du 28. Avril 1693. qui autorise les dotations des Religieuses pour entrée en Religion, elles n'entrent point dans la disposition de la Loy *si unquam*, pour pouvoir être revoquées par la naissance ou survenance des autres enfans : & comment peut-on soutenir avec quelque ombre de raison que les dotations des Religieuses sont des donations entre-vifs comprises dans la disposition de la Loy *si unquam*, tandis qu'elles sont des donations onereuses & *ob causam*, qui ont le caractere d'irrevocabilité ? L'entrée & la profession des filles dans des Ordres Religieux, n'en sont-elles pas la cause, le motif & le fondement ? N'est-ce pas pour ces filles un mariage spirituel ? Les peres qui leur assignent ces dotations, ne sont-ils pas engagez pour lors dans le Sacrement de mariage ? N'ont-ils pas eu la pensée des autres enfans qu'ils pourroient mettre au monde dans la suite ? Comment veut-on, encore une fois, les regarder comme des donations pures & simples soumises à la disposition de la Loy *si unquam ?*

Il est vrai que si les peres ou meres ayant plusieurs filles, leur font des dotations spirituelles pour leur entrée en Religion, *quæ totum patrimonium exhauserunt*, ces dotations étant *inofficiosæ*, parce qu'elles ont épuisé tous les biens du pere ou de la mere, tombent dans la décision de la Loy *si totas*, ainsi qu'on l'a déja montré ; mais il ne s'ensuit pas de-là qu'elles soient revocables par la disposition de la Loy *si unquam ;* ces deux Loix ayant deux causes, deux motifs & deux fondemens opposez.

Mais cette maxime ne peut être appliquée au cas d'une dotation spirituelle faite par un étranger ou collateral, qui n'étant point marié, épuise tous ses biens par cette dotation à une sienne parente, ou la plus grande partie de son patrimoine, lors de son entrée en Religion ; parce que ce collateral n'étant pas obligé de doter cette fille de la plus grande partie ou du total de ses biens, cette dotation doit être regardée comme une donation pure & simple de sa part ; en sorte que venant à se marier & avoir des enfans dans la suite, il est certain qu'il peut la faire revoquer par la naissance ou survenance des mêmes enfans ; parce que cette dotation spirituelle n'a pas plus de faveur que la donation faite à l'Eglise ou à la cause pie, revocable par le benefice de cette Loy. De quelque côté qu'on l'envisage par rapport au collateral ou à l'étranger, c'est une donation pure & simple, revocable dès lors qu'il commence à mettre des enfans au monde.

CHAPITRE XXXIII.

Si la renonciation à la legitime est sujette à la disposition de la Loy si unquam.

IL faut d'abord poser deux ou trois principes de Droit, après quoi l'on entrera dans l'examen de la question principale qui fait la matiere de ce Chapitre.

Le premier principe de Droit est fondé sur ce que la legitime est une dette naturelle dont les peres sont chargez envers leurs enfans.

Le deuxiéme est pris de la Loy 24. *ff. qui & à quib. manumissi*, suivant laquelle les enfans du Donateur sont creanciers de leur pere pour la legitime.

Le troisiéme & dernier principe de Droit est appuyé sur cette maxime autorisée par un Arrest celebre, rendu au Parlement de Paris le 16. de Juin 1697. rapporté dans le cinquiéme Tome du Journal des Audiences, que la legitime se doit prendre sur le dernier Donataire, & successivement sur les donations précedentes, quand la derniere ne suffit pas pour remplir les enfans legitimaires du Donateur.

Ces principes établis, on va maintenant faire voir que la renonciation à la legitime est une veritable donation entre-vifs pure, simple & revocable par la disposition de la Loy *si unquam*, dans certains cas, & qu'elle ne l'est point en d'autres.

La legitime ne pouvant être laissée en fruits aux enfans, mais *ex substantia patris*, suivant la décision d'une des Novelles de l'Empereur Justinien, il est certain que si l'un des enfans renonce à sa legitime, & qu'il en fasse une remise, parce qu'il a joüi

Novella 18. de triente & semisse.

des fruits pendant 20. années, qu'il les a perçus de partie des biens du pere, cette remise doit être regardée comme une donation, qui peut être revoquée par le benefice de la Loy *si unquam*, après la naissance ou survenance des enfans de celui qui l'a faite. Cela est fondé sur ce que les fruits, selon la Jurisprudence des Arrests rapportez par Monsieur le Prêtre, ne peuvent point être imputez sur la legitime des enfans, & encore moins la consumer. Mais si un enfant étant majeur & marié, avoit accepté la jouissance des fruits en payement de sa legitime, & renoncé par ce moyen au fonds de la même legitime, on ne peut mettre en doute que ni lui ni ses enfans ne pourroient plus en reclamer, parce qu'ils seroient non-recevables à faire valoir en leur faveur le benefice de la Loy *si unquam*, le pere, dans cette circonstance, étant dans le cas que *cogitavit de liberis*, ensorte qu'ils sont indignes du secours de cette Loy.

Centurie 2. c. 3.

Mais il n'en est pas de même d'une fille majeure, qui pour les biens qui lui auroient été constituez en dot par tout autre que ses pere, mere, ayeul ou ayeule, ou plutôt par un collateral, auroit renoncé à sa legitime; parce qu'il est certain que venant à avoir des enfans dans la suite, elle peut faire revoquer cette renonciation par le benefice de la Loy *si unquam*, puisque, selon la doctrine de Bertrandus, ces biens qui lui ont été assignez en dot, *non imputantur in legitimam*; en sorte que cette renonciation est une donation *ex Legis interpretatione*, qui tombe d'elle-même, suivant la disposition tacite de la Loy.

Conf. 184. vol. 1. part. 2.

La legitime est si favorable, si privilegiée, qu'elle n'est point comprise dans la renonciation à un heritage. Est-ce qu'en la faisant glisser dans l'acte, elle pourroit priver l'enfant du *debitum bonorum subsidium*, quand il paroît par des titres irrefragables, qu'il n'en étoit point question lors de l'acte de renonciation à cet heritage? Peut-on douter qu'elle est sujette à la disposition de la Loy *si unquam* par la naissance ou survenance des enfans de celui qui l'a faite? Ne faut-il pas, selon Grivellus, l'exprimer specialement dans l'acte fait par leur pere majeur & instruit de l'effet que pouvoit avoir cette double renonciation?

Decis. 34. n. 16.

La dot d'une mere étant imputée sur sa legitime, selon la Jurisprudence des Arrests rapportez par Monsieur le President de Cambolas, il est certain que les enfans ne peuvent pas faire revoquer la remise qu'elle a faite de cette legitime dans son Contrat de mariage, par le benefice de la Loy *si unquam*, parce que ce n'est ni une liberalité, ni un titre gratuit, mais une renonciation, un département d'un droit qui fait partie de la constitution de sa dot; cependant cette remise paroît d'abord une veritable donation, parce que, selon la maxime de du Moulin, elle est comme dûë aux enfans pendant la vie du pere, & qu'après son decès, elle lui est acquise *ipso jure*, quand la renonciation sera faite *modico pretio accepto*, ou que la remise sera gratuite; ensorte qu'il est dans le cas de la disposition de la Loy *si unquam*, principalement, lorsque celui qui l'a faite se marie dans la suite, & vient à mettre des enfans au monde; mais ce n'est là qu'une exception ou limitation à la doctrine que l'on a déja établie.

Liv. 2. ch. 16.

Conf. 36. n. 10.

Cette maxime est d'autant plus certaine, que si les enfans sont fondez d'attaquer le testament de leur pere par complainte d'inofficiosité, aussi-bien que la donation universelle que l'un ou l'autre auroit faite à l'un de leurs autres enfans à leur préjudice, s'il vient ensuite à renoncer à cette complainte d'inofficiosité, *vili pretio*, & pour une somme modique, dans le tems qu'il est jeune homme, & s'il se marie quelque temps après, & qu'il ait des enfans, leur naissance fera revoquer cette renonciation à cette complainte, par le remede de la Loy *si unquam*; parce que la totalité de ses biens ne consistoit, lorsqu'il a fait cette remise, que dans cé qui s'y trouve compris.

Rien ne prouve mieux aussi ce que l'on vient d'établir, que quand cette renonciation à la legitime est faite sans avoir composé l'heritage du pere ou de la mere, parce que la legitime doit être payée sur ceux que l'un ou l'autre a laissé lors de son decès, ainsi que le remarque du Moulin: d'où il s'ensuit que dès qu'il n'y a point eu de composition d'heritage, il est hors de doute, que cette remise ou renonciation est une donation revocable *ex tacita mente L. si unquam*, par la naissance ou survenance des enfans après cette renonciation, dont il n'est point fait mention dans l'acte qu'il a passé pendant qu'il étoit encore jeune homme.

Conf. 35. n. 3.

Cette maxime est incontestable, si l'on fait reflexion que, selon Charondas, la legitime doit être prise sur les biens que le pere a donnez pendant sa vie à l'un de ses enfans, eu égard & au nombre des enfans, & à l'estimation de tous ses biens; ce qui suppose que la composition en doit être faite, aussi-bien que l'estimation; de sorte que la remise faite *vili pretio* ou gratuitement, doit être regardée comme une veri-

L. 1. rép. 61.

table donation revocable par la Loy *si unquam*, après la naissance ou survenance des enfans.

La même chose doit avoir lieu pour le supplément de legitime, dont on se désiste ou gratuitement ou pour une petite somme, dans le temps que ce supplément étoit le bien le plus précieux & le plus considerable de celui qui y a renoncé; ce qu'il n'auroit sans doute point fait, s'il eût été marié, & qu'il eût eu des enfans, pour ne les pas priver de sa succession : *Quia nemo præsumitur velle jactare suum.*

CHAPITRE XXXIV.

Si la donation entre-vifs faite avec serment, peut être revoquée par la disposition de la Loy si unquam.

QUoique l'on ait déja parlé de la donation entre-vifs faite avec serment, dans un autre endroit, cependant, comme on ne l'a fait que fort legerement, l'on croit qu'il est à propos de traiter & d'examiner cette question plus au long dans ce Chapitre, pour ne laisser aucun doute sur tous les cas qui entrent dans la disposition de la Loy *si unquam.*

Godefroy decide cette question en termes plus clairs qu'aucun autre. Car il pose le cas d'un homme qui dans l'acte de donation universelle, ou de la plus grande partie de ses biens renonce specialement au benefice de la Loy *si unquam*, avec serment; & il se declare pour l'affirmative en faveur des enfans du Donateur, qui naissent après la donation : *Quid si parens*, dit-il, *specialiter juramento interposito renunciavit hujus Legis privilegio? Non impeditur revocatio :* la raison qu'il en donne ensuite est, *eò magis quòd juramentum hujusmodi naturam [illegible]s impugnet, ideoque bonis moribus contrarium & illicitum esse debeat. Quin etiam*, ajoute-t-il, *si non valet hujusmodi jus jurandum in fraudem creditorum, in liberorum fraudem non valere meritò dicendum videtur, quibus bona parentum lege naturæ debentur.* Il paroît donc par le sentiment de ce sçavant Interprete, que le serment mis dans l'acte de donation, ne peut pas la rendre irrevocable, & qu'elle est toujours soumise à la disposition de la Loy *si unquam*, dès que le Donateur vient à mettre au monde des enfans legitimes.

Nota *A. circa fin. ad Leg.* si unquam.

Henry de Bonerico examinant la même question, tient l'opinion de Godefroy. Voici comme il s'explique : *Sexta conclusio est quòd donatio omnium bonorum quæ ex præsumpta voluntate Donantis, habet conditionem tacitam resolutivam, si liberi supersint infra de revocand. donat. L. si unquam, non confirmatur juramento, quin in casu super existentium liberorum revocetur eodem modo ac si nullum fuisset interpositum juramentum.*

In Authent. Sacramenta puberum, n. 53.

Papon établit encore la maxime, que nonobstant le serment mis dans l'acte de donation, & que le Donateur ait juré de ne la point revoquer, la naissance des enfans qui viennent au monde après la donation, la fait tomber, parce que ce serment n'a pas plus de force que la clause codicillaire : & quelques lignes plus bas : *Doncques quand la solemnité extrinseque*, dit-il, *défaut, le serment la peut suppléer ; mais quand le serment ou la substance défaut, comme quand la Loy veut que quelque chose soit specifiée pour la forme de l'acte, le serment ne supplée jamais cette forme, & jamais on ne dira qu'on ait plus juré que consenti.* On voit par la doctrine de cet Auteur, que si la donation qui est revêtuë du serment ne fait pas une mention expresse des enfans, elle doit être regardée comme nulle, illicite, & comprise dans la disposition de la Loy *si unquam ;* parce qu'il paroît qu'il n'a pas donné un consentement libre, constant & parfait, n'ayant point d'enfans lors de la donation, & n'ayant pas pensé à eux, parce qu'on doit croire qu'il n'en avoit point encore mis au monde. Enfin comme le serment *non debet esse vinculum iniquitatis*, selon les purs principes de Droit Civil, & des Loix Canoniques, il est certain que ce seroit le comble de l'iniquité, de donner l'effet de l'irrevocabilité à la donation entre-vifs, revêtuë du serment, sur le fondement de l'Authentique *Sacramenta puberum ;* puisque d'un côté cette Authentique n'est ni reçûë ni gardée en France, selon tous nos Docteurs; de l'autre côté, les enfans étant appellez à la succession de leur pere, suivant la doctrine de Godefroy que l'on a déja cité, il est indubitable que le serment ne peut point rendre la donation irrevocable, au préjudice des enfans du Donateur, qui sont venus au monde après cette donation ; parce que le serment ne peut jamais blesser le droit naturel.

En son Comment. sur la Loy *si unquam*, pag. 4.

N. 95. 96. 100. & 108. Il est vrai que M. Tiraqueau combat la doctrine de Godefroy, & les raisons qu'on vient d'alleguer; mais outre que les raisons qu'oppose ce Magistrat ne peuvent prévaloir à celles de ce sçavant Interprete, dont l'opinion est d'ailleurs appuyée de l'autorité de Minsynger, & d'un grand nombre de Docteurs, que M. Tiraqueau cite lui-même. Lib. 5. observat. c. 63. & 64.

CHAPITRE XXXV.

Si les enfans ne peuvent pas toujours faire revoquer la donation, par la disposition de la Loy si unquam.

ON a déja établi que les enfans étoient fondés par leur naissance ou survenance à faire revoquer la donation faite par leur pere Donateur, par le benefice de la Loy *si unquam*. On va maintenant faire voir quels sont les differens cas pour lesquels ils sont declarez non-recevables, à joüir des effets de ce benefice.

D'un côté il semble que les enfans du Donateur survenus après la donation, ont pour eux & le droit naturel & la Loy *si unquam*, pour la faire revoquer en tout tems, sans aucune préfixion. De l'autre côté, il paroît avec raison que si le Donateur s'est dépoüillé des biens donnez en faveur du Donataire, & que celui-ci en ait joüi pendant la vie de celui-là, ses enfans sont non-recevables à la faire revoquer par le benefice de cette Loy, parce qu'on doit présumer que le Donateur n'a point voulu preferer ses enfans à son Donataire, pour les biens compris dans l'acte de donation.

Lib. 4. Sentent. quæst. 23. vers. penult. Julius Clarus tient pour l'affirmative, refutant l'opinion de Barthole, qui se déclare pour la negative; & ce premier Docteur ajoute, que c'est l'opinion commune de tous les autres Docteurs.

Recueil des des Arrests notables, tom. 1. p. 631. Le sentiment de Clarus est appuyé d'un Arrest qui a jugé en termes formels, que la revocation tacite du pere pendant sa vie, produit le même effet que la revocation expresse. Car cet Arrest a decidé que la donation devoit être revoquée, parce que le pere avoit fait signifier avant sa mort l'extrait baptistaire de l'enfant que sa femme venoit de mettre au monde; ce qui fait voir que le Donateur étoit lors de son decès, dans la résolution de faire revoquer expressement la donation, par la précaution qu'il avoit prise en faisant signifier cet extrait baptistaire au Donataire pour lui notifier la naissance de son enfant; d'où il s'ensuit que s'il n'eût pas tenu cette route, la donation auroit été irrevocable, nonobstant l'enfant qu'il venoit de mettre au monde.

Mais hors de ces cas on ne doit pas croire que les enfans soient toujours en droit de faire revoquer les donations par le benefice de la Loy *si unquam*, principalement lors que le pere Donateur a vêcu long-tems sans faire valoir la disposition de cette Loy après la naissance de ses enfans, ainsi que l'établit Ricard, en ces termes: *Neanmoins il faut prendre garde que si le pere avoit vêcu un tems considerable depuis la naissance de ses enfans, sans parler de la revocation, & qu'il eût vû joüir son Donataire sans exercer le benefice de la Loy, que le droit en seroit bien moindre dans la bouche des enfans, parce que cette matiere ne consiste que dans la présomption: le Donataire en auroit une bien violente de sa part, pour faire voir que l'intention du Donateur est en sa faveur, & qu'il n'étoit pas dans le dessein de revoquer la donation, mais au contraire qu'il a eté toujours dans le dessein de preferer le Donataire aux biens donnez à ses enfans, aussi bien qu'à lui-même?* Peut-on s'expliquer plus clairement? Ce long silence du pere, joint à la joüissance pendant sa vie des biens donnez par le donataire, n'est-ce pas une approbation tacite de sa part, qui exclüe les enfans du benefice de la Loy *si unquam?* Peuvent-ils après tant de circonstances qui parlent contr'eux, faire revoquer la donation de leur pere Donateur, quand elle est accompagnée & suivie de son approbation & ratification, parce qu'il n'a fait aucune démarche pour demander cette revocation depuis la naissance de ses enfans jusqu'à sa mort? (Tome 2. part. 3. c. 5. n. 630.)

Ricard, ibid. n. 631. Cependant s'il faut s'attacher à la doctrine de cet Auteur, qui me paroît d'un très-grand poids, sur tout ce qui concerne les donations, il faut dans un certain cas mettre une exception à la maxime qu'on vient d'établir. *La qualité de la donation*, ajoute-t-il, *fait beaucoup; car si, par exemple, elle étoit universelle & de tous biens, on auroit grande peine à se persuader qu'un Donateur auroit voulu laisser ses enfans dans la necessité par son silence, de ne pouvoir détruire une donation, qu'il depend de lui de revoquer.*

Cette

Cette autre maxime de Ricard est d'autant plus certaine, qu'elle est confirmée, selon lui, par l'exemple de la donation, qui est faite avec retention d'usufruit; car en ce cas son sentiment est que sa demeure ne seroit nullement considerable, & que les enfans n'auroient pas moins de droit que leur pere, qui seroit demeuré dans le silence, parce qu'alors l'intention du Donateur paroît clairement, & qu'on voit qu'il s'est abstenu par prudence d'intenter un procès qu'il devoit presumer inutile, ayant le bon droit, la Loy, & la possession de son côté. *Idem, ibid. n. 632.*

Il doit donc demeurer pour constant que la donation ne peut être revoquée par le benefice de la Loy *si unquam*, selon les clauses, les conditions & les circonstances qui ont accompagné & suivi la donation, la mort du Donateur, & la qualité de cette donation, telles que celles qu'on vient d'établir: que quand l'une ou l'autre de ces circonstances ou conditions se rencontrent dans l'acte de donation, les enfans sont non-recevables & sans action, pour faire valoir en leur faveur la disposition de la Loy *si unquam*; & principalement lorsque la donation n'est que de la moindre partie des biens du Donateur, & qu'elle n'est point du total des mêmes biens.

CHAPITRE XXXVI.

Si une donation faite par une femme enceinte, peut être revoquée par la naissance de l'enfant dont elle étoit enceinte.

S'Il falloit décider cette question par la doctrine de nos Interpretes, il est certain qu'elle seroit bien-tôt vuidée par cette grande & inviolable maxime, que lorsqu'un Donateur est marié, & qu'il peut avoir des enfans, comme la femme qui est enceinte, quand elle fait donation du total ou d'une partie de ses biens, elle ne peut pas la faire revoquer par le benefice de la Loy *si unquam*; parce que dans cette conjoncture on doit présumer avec raison, que *cogitavit de liberis*.

Mais comme on ne sçauroit être trop circonspect lorsqu'il est question de porter son jugement, ou donner son avis sur une cause aussi rare & aussi singuliere, que celle de la donation faite à un étranger par une femme, au préjudice du posthume, dont elle est prête d'accoucher, je ne veux y statuer que sur la garantie de quelques Arrests modernes, & sur le sentiment d'un de nos meilleurs Auteurs François, qui a rempli avec tant d'honneur & de gloire les pénibles, mais brillantes fonctions de sa profession, par les Ouvrages excellens qu'il a mis au jour, qui rendront son nom respectable à la posterité la plus reculée.

Il paroît d'abord qu'il faut établir cette maxime pour la negative, contre l'enfant d'une femme enceinte, laquelle peu attentive au part dont elle est presque à la veille d'accoucher, néglige les interêts de ce posthume, & fait une donation de ses biens, soit en total, soit de la plus grande partie, pour les porter à la famille d'un étranger: car dès que le Parlement de Toulouse l'a jugé contre la Donatrice, suivant l'Arrêt rapporté par M. de Cathelan en termes formels, on doit se soumettre à la décision qui est contenuë dans cet Arrest. *T. 2. liv. 4. ch. 4.*

Mais parce qu'un seul Arrest ne fixe jamais la maxime, & que c'est un principe de Droit, que *Legibus non exemplis judicandum*, il est certain que cet Arrest ne sçauroit être tiré à consequence pour le present ni pour l'avenir; parce que d'un côté il faut toujours suivre cette regle de Droit, *quod contra rationem Juris receptum est, non est producendum ad consequentias.* D'un autre côté on ne peut mettre en doute que les Loix doivent être interpretées de maniere *que voluntas earum conservetur*; d'où il s'ensuit que cet Arrest du Parlement de Toulouse ne peut jamais restraindre ni détruire le privilege que la Loy *si unquam* donne aux enfans du Donateur, ni leur faire perdre un heritage auquel le droit naturel les appelle. *L. 141. ff. de reg. Jur. L. 17. ff. de Legib.*

Quoiqu'il en soit, cet Arrest est neanmoins très-juste; & dans les circonstances particulieres il semble qu'on doit s'y conformer, lorsqu'il est question d'une semblable affaire précedée, accompagnée & suivie des mêmes circonstances: car si une femme, lorsqu'elle fait une donation, est fort avancée dans sa grossesse, elle ne doit pas se dépoüiller de ses biens au préjudice du posthume dont elle est enceinte, *de quo videtur cogitasse*; en sorte qu'après son accouchement elle est non-recevable à vouloir faire revoquer cette donation, par le benefice de la Loy *si unquam*, dont elle s'est renduë indigne: ainsi on peut lui opposer la maxime, *frustra implorat Legis auxilium, qui in Legem peccat.*

Ces raisons sont très-solides, & fondées sur des principes incontestables. Cependant l'Arrest du Parlement de Toulouse est combattu par un autre du Parlement de Bordeaux, rapporté dans le Journal du Palais de la derniere Edition, tome 1. pag. 436. qui a jugé la même question en faveur de la Donatrice, à laquelle ce Parlement permit de faire valoir en sa faveur la disposition de la Loy *si unquam*, pour faire revoquer sa donation ; & cela pour un pere dans le temps que sa femme étoit enceinte, & que l'enfant étoit décedé après les couches de la mere.

Le sçavant Magistrat qui a rapporté l'Arrest du Parlement de Toulouse, marque deux differences essentielles & décisives, qu'il faut mettre entre cet Arrêt & celui du Parlement de Bordeaux. La premiere, que dans l'espece de l'Arrest de ce Parlement, c'étoit le pere qui avoit fait la donation: & dans celle du Parlement de Toulouse c'étoit la mere, ainsi que le remarque le sçavant M. Bretonier, *laquelle*, ajoûte cette Auteur, *dès le moment qu'elle est enceinte, sent qu'elle est mere. La deuxiéme, que cette mere avoit deja eu quatre enfans, ainsi elle connoissoit l'effet de la tendresse maternelle.* Maître Bretonier donnant ensuite son avis sur la contrarieté de ces deux Arrests, dit avec beaucoup de raison & de solidité: *La premiere raison n'est pas juste; pendant la grossesse, la mere n'en ressent que les peines; ce n'est qu'après l'enfantement qu'elle ressent la joye d'avoir mis un enfant au monde. . . . La deuxiéme raison est commune au pere & à la mere; ainsi l'Arrest du Parlement de Bordeaux semble plus juridique*

Recueil des principales quest. de Droit, let. D. sur le mot *Renonciation*, p. 112 & 113. *Id. ibid.* p. 123.

Je ne balance point à me déclarer pour ce sçavant Avocat, avec d'autant plus de raison, que les renonciations tacites à la disposition de la Loy *si unquam*, étant d'elles-mêmes odieuses, on doit plutôt lui donner une extension favorable, que de la restraindre dans des bornes, où il ne me paroît point vrai-semblable qu'elle ne peut souffrir d'être enfermée ; parce qu'on ne doit point présumer qu'une femme voulût preferer un Donataire étranger à son enfant, & que dans ces circonstances on est au cas de la maxime, *odia restringenda, favores ampliandi.* En un mot, sur une question si difficile & importante, il faut suivre cette autre maxime: *Nemo præsumitur velle jactare suum.*

CHAPITRE XXXVII.

Si les enfans nez d'un mariage fait sans benediction du propre Curé, peuvent faire revoquer la donation faite par leur pere putatif, par la disposition de la Loy si unquam.

IL faut poser d'abord pour un des plus grands principes du Droit Canonique, que la benediction nuptiale qui doit être donnée par le propre Curé aux deux Conjoints, est tellement de l'essence du mariage, qu'il est nul & abusif, si elle ne leur a pas été donnée, suivant un des Canons du Concile de Londres, le sentiment d Me du Perray & celui de Brodeau: c'est encore la décision des Loix Canoniques, du Concile de Trente & de tous les Docteurs.

Traité des Dispenses du mariage let. M. som. 6. *c. 6. cum dilecta, & c. 9. de rescript.*

Ce principe établi, on ne peut douter que les enfans nez d'un mariage fait sans la benediction du propre Curé, sont illegitimes, & ne peuvent point succeder à leurs peres & meres, suivant la Declaration de 1639. La raison qu'en donne le Roy Louis XIII. dans cette Ordonnance, est que d'un côté il faut que les solemnitez prescrites par les Loix Canoniques soient gardées dans la celebration du mariage; mais que de l'autre côté il faut que quatre témoins assistent à cette celebration, outre le Curé qui recevra le consentement des Parties, & les conjoindra en mariage. Or un mariage qui n'est point revêtu de cette presence & benediction du Curé, étant nul & illicite, il s'ensuit necessairement que les enfans nez de ce mariage sont illegitimes ; & que ne pouvant point, à cause de la tache qu'ils ont reçûë par ce moyen, succeder à leurs peres & meres, ils ne peuvent point aussi faire revoquer la donation que l'un ou l'autre aura faite par le benefice de la Loy *si unquam*, qui exige que la legitimité des enfans & leur filiation soient claires, évidentes & inconteſtables ; d'autant plus que Brodeau donne pour maxime, qu'un mariage ne peut être valable, non ſeulement pour ce qui eſt du Sacrement, mais auſſi pour l'alliance, le doüaire, les ſucceſſions, & autres effets civils & coûtumiers, s'il n'eſt contracté & celebré *Eccleſiaſtice*, c'eſt à dire, ajoûte-t-il, *in facie Eccleſiæ à proprio Parrocho, aut ejus Vicario* " qui ait juriſdiction ſur l'un " ou l'autre des Conjoints, en preſence des témoins avec la benediction, &c. "

Let. M. ſom. 6.

C'eſt ſur ces Loix Canoniques, ſur ces Loix de l'Etat, ſur ces maximes inébranlables, qu'eſt fondé l'Arreſt rapporté dans le Journal du Palais, qui déclara nul & abuſif un mariage fait ſans la benediction du Curé ; en ſorte que les enfans nez de ce mariage étant *ſpurii*, & incapables de ſucceder, on ne peut après leur naiſſance faire revoquer les donations, par la diſpoſition de la Loy *ſi unquam*, parce qu'ils ſont illegitimes, & reputez le fruit d'un honteux concubinage ; ces ſortes de mariages étant appellez clandeſtins, qui ſont nuls par les Ordonnances de nos Rois.

T. 1. de la derniere édition, p. 590. & 632.

CHAPITRE XXXVIII.

Si le Bâtard ou enfant illegitime peut faire revoquer une donation par la diſpoſition de la Loy ſi unquam.

CEci eſt une ſuite de la queſtion précedente. Godefroy eſt celui de tous nos Docteurs & Interprêtes qui s'explique le plus clairement en faveur de la negative : *Ex legitimo matrimonio ſcilicet*, dit-il : *Quid ſi naturales tantùm ſuſcipiat? Puto ſaltem à Donatario alendos*. On voit par la maxime de ce Docteur quelle eſt l'incapacité des bâtards ou enfans illegitimes, pour faire revoquer la donation faite par leurs pere ou mere avant leur naiſſance, par le privilege dont la Loy *ſi unquam* les exclut après la mort de l'un ou l'autre ; incapacité qui les rend non-recevables & ſans action à ce ſujet, auſſi-bien que leur pere ou mere qui voudroit ſe ſervir du remede de cette Loy, pour faire revoquer une donation faite avant la naiſſance ou ſurvenance de ces enfans illegitimes, qui n'ont d'autre avantage à prétendre lorſqu'ils ſont mis au monde, que de pouvoir demander les alimens au Donataire, parce qu'il eſt certain que les bâtards *non habent gentem neque familiam*.

Nota. *O ad L. ſi unquam*.

Il eſt vrai, que quand les bâtards ou enfans illegitimes ſont nez *ex ſoluto & ſoluta*, ils ſont capables de recevoir des donations de leurs pere & mere, ſelon le ſentiment de Ricard ; mais cela n'a lieu que dans le cas où le Donateur & la Donatrice n'ont point d'enfans legitimes ; car s'ils en avoient, ils ne pourroient pas joüir de l'effet des donations qui leur auroient été faites *in necem*, & en fraude de ces enfans legitimes, qui ſeroient ſans doute fondez de faire revoquer cette donation par la diſpoſition de la Loy *ſi unquam*.

T. 1. des don. part. 1. c. 1. ſ. 8. no. 236.

C'eſt encore une maxime établie par cet Auteur, que ſi les pere & mere de ces bâtards ou enfans illegitimes, n'ont point d'enfans d'un legitime mariage, ils ont un droit à prendre ſur leurs biens, qui conſiſte en ce que pourroit avoir un des enfans legitimes le moins avantagé ; mais on n'en doit pas conclure que pour avoir dans ce cas une portion à prendre ſur les heritages de leurs pere & mere, on puiſſe ſe ſervir après leur naiſſance du remede de la Loy *ſi unquam*, pour faire revoquer une donation faite avant qu'ils vinſſent au monde.

Id. ibid. no. 237.

En effet, les Arreſts ont jugé que l'ayeul n'étoit pas obligé de fournir les alimens au bâtard de ſon fils, ainſi que le remarque Brodeau ſur M. Loüet, *lettre D. ſom.* 1. ce qui fait voir plus clair que le jour, combien leur incapacité de faire revoquer une donation par le benefice de la Loy *ſi unquam* eſt certaine : c'eſt ici un argument *à minori ad majus* ; de ſorte que le bâtard ou enfant illegitime ne pouvant pas demander ſes alimens au pere de celui qui l'a mis au monde, avec combien plus de raiſon, ne pourra-t-il pas faire valoir après ſa naiſſance la diſpoſition de cette Loy, ſoit en faveur de ſon pere qui aura fait donation de ſes biens, ſoit pour lui-même à cauſe de ſon incapacité de ſucceder à ſes pere, mere, ayeul & ayeule.

Auſſi les Arreſts ont-ils jugé que les bâtards ou enfans illegitimes ſont incapables des donations d'heritages en fonds, mais ſeulement de celles qui vont juſqu'à la concurrence de leurs alimens ; ce qui prouve que leur naiſſance après une donation de

Brodeau, *ubi ſupra*.

celui ou celle qui l'a mis au monde, ne peut être revoquée par le privilege de la Loy *si unquam.*

De-là vient qu'une donation faite à une bâtarde adulterine, en constitution de dot, est nulle, selon la Jurisprudence des Arrests rapportez dans le Journal des Audiences, *tom.* 1. *liv.* 8. *chap.* 25. parce que ces sortes de bâtards sont incapables des effets civils. N'est-ce pas aussi par la même raison que la donation faite à un bâtard, n'est valable que dans le cas où elle n'excede pas les alimens, selon la maxime établie par les Arrests du Parlement de Paris, qui nous est attestée par Monsieur Bouguier? Ne paroît-il pas évidemment par tout ce qu'on vient de montrer, que les enfans illegitimes ou bâtards sont incapables de pouvoir recevoir, ni successions, ni legs, ni donations en fonds, ou en proprieté? Et ne s'ensuit-il pas de-là que les droits qu'ils peuvent prétendre sur les biens de leurs pere & mere, sont bornez, suivant les Arrests, aux alimens, quand ils ne peuvent pas travailler, ni gagner leur vie, & qu'ainsi leur naissance ne peut jamais faire revoquer une donation faite avant qu'ils fussent mis au monde, par la disposition de la Loy *si unquam*?

Let. B. no. 1.

Peleus, quest. 88. p. 568.

CHAPITRE XXXIX.

Si le Religieux ou Religieuse qui a reclamé contre ses vœux dans le temps fixé par les Loix Canoniques, peut faire revoquer une donation entre-vifs, par le benefice de la Loy si unquam.

Code Henry, l. 1. tit. 11. no. 1.

Les hommes & les femmes ont un temps marqué par les Ordonnances, pour entrer dans un Ordre Religieux: Ce temps est fixé pour les uns & pour les autres à l'âge de 16. ans accomplis, pour faire leur Profession.

Cette Profession rend le Religieux & la Religieuse incapables de succeder à leurs pere, mere, ou autres parens, soit en ligne directe ou collateralle, parce qu'ils sont *in manu superioris* par leurs vœux, & que par leur état ils sont morts civilement; en sorte que dans la fixation de la legitime parmi les enfans, *non faciunt partem, nec admittuntur ad partem.*

Sur M. Loüet, let. C. som. 8.

Mais si les Religieux ou Religieuses reclament de leurs vœux dans les cinq ans fixez par les Loix Canoniques & par la Jurisprudence des Arrests rapportez par Brodeau, s'ils ont été remis au siécle, il est certain qu'ils ont droit, non seulement de succeder à leurs pere, mere, & autres parens, mais de faire revoquer la donation qui aura été faite par leur pere ou mere aprés leur profession, par le benefice de la Loy *si unquam,* par plusieurs raisons également certaines & décisives.

La premiere est appuyée sur ce que dans le temps que les pere ou mere des Religieux ou Religieuses ont fait une donation entre-vifs du total, ou de la plus grande partie de leurs biens, leurs enfans étant morts civilement par leur profession, on ne peut croire, que l'un ou l'autre, *cogitavit de liberis*; parce qu'il n'est pas à présumer que si les pere ou mere des uns & des autres avoient eu d'autres enfans vivans lors de la donation, qui fussent en état de recueillir leurs heritages, ils eussent preferé un étranger donataire, & qui ne devoit point leur succeder, aux mêmes enfans.

La deuxiéme raison est prise de ce que les Religieux ou Religieuses que l'on a remis au siécle, & restitué envers leurs vœux, aprés en avoir reclamé dans les cinq ans, sont capables de tous effets civils, parce que cette restitution les fait rentrer dans le monde pour y joüir de tous leurs privileges & avantages, en sorte que si aprés avoir été remis au siécle, les uns ou les autres n'étoient pas nommez dans les testamens de leurs pere, mere, ayeul ou ayeule, ils seroient fondez de les faire casser, selon les textes des Loix, qui sont sous le titre du Code *de liber. præterit. vel exhæredat.*

La troisiéme & derniere raison est fondée, sur ce que les Religieux ou Religieuses dont les vœux ont été déclarez nuls, rentrent dans les droits que leur filiation & leur legitimité leur donnoit, auparavant dans la famille de leurs pere, mere, ayeul & ayeule; d'où il s'ensuit que ces droits les rappellant à la succession de l'un de ces ascendans, ils peuvent par consequent joüir du benefice de la Loy *si unquam*, pour faire révoquer la donation qui a été faite aprés leur entrée en Religion; à l'exemple des

absens

absens, lesquels étant placez parmi les morts, par ceux qui les ont mis au monde, étant hors du Royaume, sont en droit lors de leur retour, si le pere Donateur est décedé, de faire revoquer la donation qu'il avoit faite pendant son absence, par la disposition de la Loy *si unquam*.

CHAPITRE XL.

De quel jour le Donataire est tenu à la restitution des fruits après la revocation de la donation.

DU Moulin a crû que la restitution des fruits est dûë par le Donataire du jour de la contestation en cause. Voici ses paroles: *Cum restitutione fructuum à lite contestata.* *De donat. fact. vel confect. in contract. matrim. n. 86.*

Monsieur Loüet rapporte un Arrest, par lequel il a été jugé, que la restitution des fruits n'est dûë par le Donataire, que du jour de la demande. Let. D. som. 52.

Ricard qui a cité le même Arrest, après avoir combattu le sentiment de du Moulin, se déclare par l'autorité de la chose jugée par cet Arrêt: *Pour ce qui est de la restitution des fruits*, dit-il, *il resulte de ce que nous avons dit en la section precedente, que quoique cette revocation se fasse de plein droit, elle n'a pourtant son effet, que par la declaration du Donateur, qu'il ne peut pretendre les fruits que depuis son action;* & quelques lignes plus bas: *Monsieur Loüet*, ajoûte-t-il, *Littera D. n°. 52. dit, qu'en l'Arrest de Chandon de l'an 1606. les fruits furent adjugez du jour de la demande. Ce dernier est conforme à l'Ordonnance, suivant ce que j'ai fait voir en la premiere Partie, Chapitre 3. numero 103. & suivans.* T. 2. part. 3. c. 5. n°. 661.

Il paroît par les raisons de cet Auteur que la Jurisprudence des Arrests a changé, puisque dans l'affaire de Pellegruë, la restitution des fruits ne fut adjugée que depuis la contestation, selon la doctrine de du Moulin, & que dans l'Arrest de Chandon, le Donataire fut condamné à la même restitution des fruits, depuis la demande; parce que le Donataire étant dans la bonne foy, & ayant un titre du moins coloré, il ne doit être tenu à cette restitution, que du jour qu'on l'a mis en cause, qui est celui où son titre commence à devenir vicieux, & non du jour de la contestation, ainsi que l'avancent plusieurs Docteurs.

CHAPITRE XLI.

Si les biens donnez répondent des conventions de la femme, & si elle a une hypotheque subsidiaire sur les mêmes biens lors de l'insuffisance de ceux de son mary.

DU Moulin a été le premier des Donateurs, qui dans l'Arrest notable rendu en sa faveur, se vit condamné par le Parlement de Paris à cette hypotheque subsidiaire, en faveur de la femme de son Donataire. Il est vrai qu'il dit, que ce fut de son consentement donné par écrit, & rapporté au procès en forme publique. *Ex his satis liquet hanc clausulam hypothecæ non fuisse appositam mero jure nec motu Senatûs; esset enim contra jus & contra concordem omnium sententiam, qui tenent pure & simpliciter resolvi per prædicta, sed fuit apposita de expresso consensu meo, etiam manu propria subcripto & in actu relata.* *Tract. de donat. fact. vel confect. num. 86.*

Cependant quoique puisse dire ce Docteur, M. le Prêtre assûre avoir vû l'Arrest au Greffe, & qu'il ne dit rien du consentement de du Moulin. Ce témoignage d'un illustre & sçavant Magistrat, donne un démenti formel à du Moulin, que l'on ne doit point croire ici sur sa parole. Centur. 2. c. 15. no. 36.

Il est vrai que la maxime de du Moulin est d'un grand poids; mais on ne doit pas la suivre après celle d'Alberic & de M. Tiraqueau, sur la Loy *si unquam* (ainsi que l'atteste

Sur l'Art. 20. tit. 1. l. 10. de Papon. Chenu) qui tiennent que le benefice de cette Loy pour la revocation, ne retourne pas au passé, au préjudice des creanciers du Donataire, & leurs hypotheques. Aussi Papon remarque, qu'en *l'affaire celebre de du Moulin, le Donataire son frere avoit constitué grand doüaire, & que sans telle chose il ne l'eût eu*; en sorte que, selon cet Arrêtiste, quand le Donateur a reconnu la dot ou doüaire sur les biens donnez, la femme y a une hypotheque subsidiaire, sur tout quand le Donateur étant présent à l'acte, y laisse inserer cette hypotheque; parce qu'on doit présumer qu'il a consenti & approuvé tacitement les clauses & conditions mentionnées dans cet acte.

Let. D. som. 52. C'est sur ces raisons que Brodeau, qui rapporte l'Arrêt de du Moulin, dit: *Mais avec cette reserve, que les biens donnez demeureront subsidiairement hypothequez au doüaire à la femme par le Donataire, pour être pris sur lesdits biens, en cas que ceux du mary ne fussent suffisans. L'équité voudroit la même extension pour toutes les conventions matrimoniales; & neanmoins l'Arrest ne parle que du doüaire: & est à noter que le doüaire avoit été assigné sur une des terres données, & ce en la presence du Donateur.*

T. 2. part. 3. c. 5. no. 653. Ricard semble se déclarer pour l'hypotheque subsidiaire sans aucune distinction; car il s'explique en ces termes: *De-là nos Auteurs ont pris sujet de porter cette limitation à la resolution du n°. 651. que les biens donnez dans l'espece par nous proposée, demeureroient subsidiairement hypothequés aux conventions matrimoniales de la femme. Le docte & éloquent Conseiller de Toulouse, Monsieur Dolive, nous témoigne que cet Arrest de du Moulin a été le fondement d'un autre semblable intervenu à son rapport, le 12. Septembre 1636. par lequel le Parlement de Toulouse declarant la donation faite par Michel la Roque à Michel Sabatier, en faveur de son mariage avec Antoinette Asémare, revoquée & resoluë par la naissance des enfans du Donateur, declara neanmoins les biens contenus en la donation affectez & hypothequez à la femme, pour sa dot & augment, en cas d'insuffisance des biens de son mary.*

Id. Ibid. n°. 655. Mais cet Auteur tient ensuite la negative contre cette hypotheque subsidiaire, en termes si clairs, qu'on ne peut les passer sous silence: *Et en effet, il est aisé de voir*, dit-il dans un autre nombre, *que cet Arrest n'a pû avoir pour fondement qu'une raison particuliere, qui ne peut être tirée à consequence, comme est celle que propose Mᵉ Charles du Moulin, ou qui même pouvoit être tirée, de ce qu'auparavant cet Arrest, ce droit que les donations faites par contrat de mariage, pouvoient être revoquées par survenance d'enfans, n'étoit pas encore établi; car le Donateur n'étant pas obligé en son nom au doüaire de la femme de son Donataire, & la donation étant revoquée* ex antiqua causa, *par une condition qui est aussi ancienne que la donation*, il conclud deux ou trois lignes plus bas, que *cette sorte de prononciation ne peut avoir d'autre motif qu'une consideration particuliere.*

On voit donc par le sentiment de Ricard, que les circonstances & les raisons particulieres qui ont servi de motif à l'Arrest de du Moulin, ne peuvent être appliquées à la question que l'on traite dans ce Chapitre, qui consiste à sçavoir si la femme a une hypotheque subsidiaire pour sa dot sur les biens donnez, lorsque la donation est revoquée; de sorte que ni cet Arrest, ni celui du Parlement de Toulouse, ne peuvent pas établir la maxime de cette hypotheque subsidiaire en faveur de la femme, à moins qu'il n'y ait dans une affaire semblable *idem jus, eadem quantitas, eadem causa petendi, & eadem conditio personarum;* ou pour mieux dire les mêmes circonstances & les mêmes considerations, qui ont été le fondement des Arrêts des Parlemens de Paris & de Toulouse.

Ricard, t. 2. part. 3. ch. 5. no. 656. Aussi cet Auteur ne voulant laisser aucun doute sur cette question, dit ensuite: *Et l'on ne peut pas pretendre que la faveur du mariage soit capable de donner à la femme quelque privilege en cette occasion, vû qu'elle ne souffre aucun prejudice par le moyen de cette revocation, attendu qu'elle a dû considerer, aussi-bien que les autres creanciers du mary, quelle étoit la nature de la donation qui lui étoit faite, & qui étoit revocable par la survenance des enfans du Donateur; & pour la faveur, le Donateur en merite bien autant, puisqu'il rentre dans une chose qui lui appartient, & dont il ne s'est dessaisi que sous une condition, laquelle étant échûë, resout la donation dès le principe, & fait comme si elle n'avoit jamais été.*

Il demeure donc pour constant, nonobstant tout ce que dit Brodeau en faveur des conventions matrimoniales, que la femme n'a nulle hypotheque subsidiaire sur les biens donnez au préjudice du Donateur, lorsque la donation est revoquée par le benefice de la Loy *si unquam*; d'autant plus que cette Loy le décide en termes exprès, puisqu'elle porte: *Quidquid largitus fuerit, revertatur in eiusdem Donatoris arbitrio ac ditione mansurum;* d'où il s'ensuit que n'y étant pas dit un seul mot de cette hypotheque subsidiaire, que cet Arrêtiste tâche de donner à la femme du Donataire, ni d'aucune autre en faveur de ses creanciers, & que les Legislateurs parlent du retour du total des biens donnez au Donateur, on ne peut suppléer ce qu'ils n'ont pas ordonné, selon cette maxime de Droit: *Qui totum dicit, nihil excludit.*

CHAPITRE XLII.

Si la donation étant revoquée, le Donateur peut, nonobstant la naissance ou survenance de ses enfans, disposer des biens donnez à sa volonté.

LE seul texte de la Loy *si unquam* décide, ce me semble, cette question en termes très-clairs; il y est dit: *Totum quidquid largitus fuerat, revertatur in ejusdem Donatoris arbitrio ac ditione mansurum.* Or si les biens donnez après la revocation sont en la disposition du Donateur en pleine proprieté, pour en faire ce qu'il jugera à propos, *in ejusdem arbitrio ac ditione mansurum*, n'est-il pas certain qu'il peut les vendre, engager, transporter ou aliener, soit par des actes pendant sa vie, soit par sa derniere volonté? Cette maxime est si incontestable, que Ricard l'établit clairement. *Les paroles de la Loy*, dit-il, *témoignent assez que les choses données retournent par le moyen de la revocation, en la libre disposition du Donateur*; & quelques lignes plus bas: *Il a aussi à son avantage l'intention apparente du Legislateur, qui a donné ce droit aux peres, afin qu'ils puissent pourvoir à leur famille & à l'éducation de leurs enfans; ce qu'ils ne pourroient pas faire s'ils n'avoient pas la libre administration de leurs biens.* Enfin cet Auteur conclud son raisonnement en ces termes: *De sorte que ce seroit sans apparence qu'on leur voudroit ôter ce que la Loy leur donne; ce qui seroit aussi contre toutes les maximes, vû que les peines ne s'étendent jamais, & elles n'ont point de lieu, si elles ne sont expressement irrogées.* Mais cette libre disposition des biens donnez, que la Loy *si unquam* a voulu accorder au Donateur après la revocation de la donation, ne leur donne pas le droit de le faire en fraude, & au préjudice de la legitime, qu'il est obligé de laisser à ses enfans à titre d'institution; en telle sorte que s'il ne le faisoit point par son testament après avoir institué un heritier étranger, il est indubitable que ses enfans feroient casser son testament, selon la Novelle 115. *cap.* 3. de Justinien; & la Note de Godefroy sur cette Novelle: *Quarta liberis relinquenda est*, dit-il, *titulo institutionis, non donationis, legati vel fideicommissi.* Nota. T. ad dict. cap. 3.

Ricard examinant cette question, si le pere peut disposer des biens qui lui ont fait retour, à titre lucratif en faveur d'un étranger, dans le temps qu'il a des enfans, la décide en ces termes: *J'estime qu'il y auroit beaucoup d'équité d'empêcher les peres en cette occasion, de disposer à titre gratuit des biens qui leur sont retournez en vertu de cette Loy, au profit de personnes étrangeres, & de toutes autres que des enfans: vû que cette disposition ne pourroit être faite qu'en fraude de la Loy: & non seulement les enfans, en consideration desquels la revocation a été faite, s'y trouveroient interessez; mais même les premiers Donataires des mains desquels ces biens auroient été arrachez, se trouveroient traitez avec beaucoup d'injustice, puisque la Loy leur auroit ôté les biens dont nous parlons, pour permettre au Donateur d'en disposer à même titre qu'ils les auroient reçus, & au profit des personnes qui ne seroient pas plus favorables qu'eux.* T. 2. part. c. 5. no. 663.

Il paroît par la doctrine de cet Auteur, qu'il ne prétend lier les mains au Donateur après la revocation de la donation, que pour l'empêcher de disposer des biens qui lui sont retournez en faveur d'un étranger, par une seconde donation au préjudice de ses enfans; en sorte que cette doctrine ne le privant point d'en disposer par testament de la maniere qu'il lui plaira, la question qu'il traite dans cet endroit, ne regarde que les dispositions entre-vifs, & non celles de derniere volonté, c'est à dire, par testament.

Mais si les enfans qui avoient servi de motif à la revocation de la donation à leur pere, venoient à mourir dans la suite, & qu'il fût hors d'esperance d'en avoir à l'avenir, rien n'empêche le Donateur de disposer des biens donnez, en faveur de qui bon lui semblera, par une seconde donation, sans que le premier Donataire ait lieu de s'en plaindre ou de s'y opposer, sur tout lorsqu'il y a déja quelques années que la donation a été revoquée par la naissance ou survenance des mêmes enfans qui sont morts avant lui, parce qu'il ne peut plus faire revivre sa donation après qu'elle a fait retour au Donateur.

CHAPITRE XLIII.

Si la donation revoquée par la Loy si unquam, *fait retour au Donateur, franche de toutes hypotheques, alienations & engagemens.*

CEtte question n'a été examinée & décidée que par Ricard; Papon, Tiraqueau, & Julius Clarus ne l'ayant point traitée dans les Commentaires qu'ils ont fait sur la Loy *si unquam*.

Le texte de la Loy *si unquam*, ne sçauroit être plus formel, ni plus décisif pour établir que la donation fait retour au Donateur, franche & exempte de toutes hypotheques, alienations & engagemens que le Donataire peut avoir contractez dans le temps qu'il joüissoit des biens donnez : *Totum quidquid largitus fuerat*, disent les Empereurs Constantin & Constans, *in ejusdem Donatoris arbitrio ac ditione mansurum*. Ne paroît-il pas par les termes de cette Loy, que le retour que les biens donnez font au Donateur, les met en sa disposition, volonté & possession francs de toutes charges ? Y est-il dit un seul mot d'hypotheques, d'alienations & d'engagemens, qui peuvent avoir été faits par le Donataire ? Ces Empereurs ne l'auroient-ils pas décidé & ordonné par la Loy *si unquam?* En sorte qu'il est certain que les biens donnez font retour au Donateur, francs d'hypotheques, alienations & engagemens.

D'ailleurs, cette affectation, ou cette alienation des biens donnez, ne seroit-elle pas faite en fraude, & au préjudice du Donateur & de ses enfans nez après la donation, ou plutôt une peine établie par la Loy & par les Legislateurs contre le Donateur? Ne doit-on pas la restraindre, & la renfermer dans ses limites ? Peut-on l'étendre jusqu'à la Loy *si unquam*, qui est toute favorable au Donateur? Cette maxime est d'autant plus certaine, que lors de la revocation de la donation, le pere Donateur *certat de damno vitando*, par rapport à ses enfans qui y ont donné lieu, & le Donataire ou ses creanciers, *certant de lucro captando*, qui consiste à mettre le retour de la donation au Donateur sans effet; ce qui arriveroit sans doute, si les hypotheques, alienations & engagemens faits par le Donataire, devoient subsister lors de ce retour.

Indépendamment de ce qu'on vient d'établir, & des inconveniens qui s'ensuivroient, s'il falloit dans cette question se déclarer pour l'affirmative, il est indubitable que si ces hypotheques ou alienations que le Donataire a faites, pendant qu'il joüissoit des biens donnez, étoient valables, & si elles devoient subsister après le retour au Donateur, la femme auroit sans difficulté une hypotheque subsidiaire sur les biens donnez, sans que le Donateur pût la lui contester; mais qu'ayant montré clairement dans un des Chapitres précedens, que la femme n'a point d'hypotheque subsidiaire sur les biens compris dans la donation, à moins qu'elle ne soit mentionnée dans le Contrat de mariage de cette femme, *præsente & non contradicente Donatore*, les autres creanciers du Donataire, ne doivent point en avoir, parce que la donation fait retour au Donateur, *sine ullo onere*.

Des donat. t. 2. part. 3. c. 5. no. 651.

Mais après tout, s'il restoit encore quelque doute sur cette question, Ricard ne les leve-t-il pas totalement, lorsque tenant pour la negative, il dit : *Personne de ceux qui ont penetré dans l'esprit de cette Loy, ne revoque en doute que le Donateur n'ait droit d'aller chercher jusques entre les mains des tiers detenteurs, les choses qui étoient comprises dans la donation, ausquels il ne reste autre esperance, que de recouvrer contre le vendeur le prix de leurs acquisitions; comme aussi que les hypotheques & toutes les autres charges qui pouvoient avoir été imposées par le Donataire s'évanoüissent avec la revocation du Donateur, dont la raison est que la revocation étant faite en vertu d'une condition du Contrat même de donation, le Donataire n'a pû rien faire qui portât préjudice à cette convention, & le cas de la condition écheant, il n'y a point de difficulté que la chose ne doive retourner au Donateur, de la même façon qu'elle etoit, lorsque la donation a été faite?* Or cette donation étant franche & exempte de toutes hypotheques, alienations, & engagemens dans le temps que le Donateur s'en est dépoüillé en faveur du Donataire, il est certain qu'après la revocation ou le retour au Donateur, elle n'en doit pas être chargée, mais entierement exempte.

CHAPITRE XLIV.

Dans quel temps se prescrit l'action que l'on a pour faire revoquer la donation, par la disposition de la Loy si unquam.

LE Donateur ne doit point se flatter, que l'action qu'il a pour faire revoquer la donation, par la disposition de la Loy *si unquam*, soit perpetuelle, ni qu'il puisse la faire revivre en tout temps: il n'y a point d'action qui n'ait un terme fixé pour l'éteindre, ou la rendre sans effet, quand on néglige de l'exercer, ou d'en former la demande.

Cette maxime établie, il est certain que l'action pour faire revoquer une donation par le benefice de la Loy *si unquam*, a un temps fatal ou un terme fixe, après lequel on n'est plus reçu à la faire valoir: or cette action étant personnelle, n'a que 30. années de durée; en sorte que ce temps étant expiré, la voye est fermée pour toujours au Donateur pour faire revoquer la donation. La raison qu'en donnent les Empereurs Honorius & Theodose dans la Loy *Sicut*, est que les actions *quæ perpetuæ videbantur post hanc temporis definitionem, nulli movendi ulterius facultatem patere potest, etiamsi se Legis ignorantia excusare tentaverit.*

L. Sicut, Cod. de Præsc. 30. vel 40. annor.

Papon dans ses Notaires suit exactement la décision de cette Loy, qu'on vient de citer sur notre question, touchant la prescription de 30. ans. *Cette action*, dit-il, *ne peut prescrire que par 30. ans, & l'Ordonnance du Roy Louis XII. par laquelle on peut être relevé à cause de lezion intervenuë aux Contrats, n'a lieu en ce cas.* Il paroît donc par la maxime de cet Auteur, que si le Donataire allegu oit fin de non-recevoir contre le Donateur, fondée sur ce qu'il ne s'est pas pourvû pour faire revoquer la donation dans le temps prescrit par l'Ordonnance de Louis XII. qui est fixé à 10. ans seulement, il seroit débouté de sa fin de non-recevoir; parce que cette Ordonnance peut être appliquée au cas de la revocation d'une donation par le benefice de la Loy *si unquam*; sa disposition ne pouvant avoir lieu que dans les questions, qui regardent les actions rescisoires, & non les actions personnelles, qui ne prescrivent que dans 30. ans.

3. Notaires, p. 690.

Ricard établit encore mieux que Papon cette maxime pour la prescription de 30. ans pour la revocation de la donation par le Donateur; voici de quelle maniere il s'explique: *Des principes qui ont été établis dans la question precedente, il resulte, que combien que cette action qui appartient au Donateur en vertu de la Loy pour la revocation des donations qu'il a faites, ne soit prescriptible dans la rigueur que par 30. ans à l'egard du Donataire, comme toutes les actions personnelles, & par 10. ou 20. ans pour ce qui est du tiers Détenteur; que neanmoins le temps que laisse écouler le Donateur depuis qu'il a la faculté d'intenter son action, & qu'il lui est venu un enfant legitime, lui porte un très-grand prejudice pour faire presumer contre lui, que combien qu'il eût eu des enfans lorsqu'il a passé les donations qu'il veut revoquer, qu'il n'eût pas laissé de les faire, & que ce qui le porte pour lors à en faire la revocation, ne procede que d'un caprice & d'un changement de volonté, qui n'est point considerable en cette rencontre, où la revocation se fait* ex antiqua causa *seulement, & par le moyen de la presomption, que le Donateur n'eût pas exercé cette liberalité, s'il eût prévû le cas des enfans qui lui sont survenus.*

T. 2. part. 3. c. 5. no. 659.

Enfin, si on demande de quel temps la prescription commence à courir, cette question est décidée par Ricard, en termes formels: *Cette prescription*, dit-il, *ne commence à courir que du temps de la survenance du premier enfant du Donateur, aussi-bien contre le tiers Détenteur, que contre le Donateur & ses ayans cause à titre universel; parce que jusques alors le Donateur est couvert de cette maxime, que la prescription ne court pas contre celui qui n'a point lieu d'agir.*

FIN.

APPROBATION.

J'Ay lû par ordre de Monseigneur le Chancelier, les Oeuvres de Maître Jean-Marie Ricard, avec les nouvelles Augmentations, où je n'ay rien trouvé qui en puisse empêcher l'Impression. Fait à Paris ce 24. Janvier 1713. RASSICOD.

AUTRE APPROBATION.

J'Ay examiné par Ordre de Monseigneur le Garde des Sceaux, un *Traité* intitulé *de la Revocation des Donations par la naissance ou survenance des enfans*, & je n'y ai rien trouvé qui puisse en empêcher l'Impression. Fait à Paris le 18. Juillet 1728. RASSICOD.

PRIVILEGE DU ROY.

LOUIS par la grace de Dieu, Roy de France & de Navarre, à nos amez & feaux Conseillers, les Gens tenans nos
Cours de Parlement, Maîtres des Requêtes ordinaires de notre Hôtel, Grand Conseil, Prevôt de Paris, Bail-
lifs, Senechaux, leurs Lieutenans Civils, & autres nos Justiciers qu'il appartiendra, Salut. Notre bien-amé
CLAUDE ROBUSTEL, Libraire à Paris, Nous a fait representer qu'étant déja entré dans de grandes avances pour
des Ouvrages considerables & très-utiles au Public, qu'il a donnez & qu'il doit donner dans la suite; comme aussi desirant
réimprimer quelques Livres dont les Privileges sont expirez ou prêts à expirer, il Nous a très-humblement fait supplier de
lui accorder nos Lettres de Privilege sur ce necessaires: A ces causes voulant favorablement traiter l'Exposant, & lui
donner moyen de continuer à imprimer ou faire imprimer les grands Ouvrages qu'il a, & qui sont très-utiles au
Public pour l'avancement des Sciences & des Belles-Lettres; Nous lui avons permis & accordé, permettons & accordons
par ces Presentes, de réimprimer ou faire réimprimer les Livres intitulez: *Caroli Molinai Jurisconsulti Opera: Les*
Arrêts de Loüet; le Journal du Palais, & la suite dudit Journal; les Oeuvres des Sieurs le Brun & Ricard; le Praticien
du Sieur Lange; le Traité des Droits Honorifiques; les maximes du Droit Canonique de France; l'Histoire de France par Meze-
ray; la Compilation des Commentateurs de la Coutume de Paris par le Sieur de Ferriere; les Oeuvres du Sieur de Vaumo-
riere & de l'Abbé de Bellegarde; la nouvelle Histoire de France, avec les Mœurs & Coutumes, les Historiens, la Genealogie
de la Maison de France, & les Grands Officiers de la Couronne, par le Sieur Louis le Gendre, Chanoine de l'Eglise de Pa-
ris; l'Imitation de Jesus-Christ, traduction nouvelle, avec une Pratique & une Priere à la fin de chaque Chapitre, avec
l'Ordinaire de la Messe, par le Pere de Gonnelieu; le Traité des Médicamens, & de la maniere de s'en servir, par le
Sieur Tauvri; l'Histoire de Henry II. dernier Duc de Montmorency; le Glossaire du Droit François, contenant l'explication
des mots difficiles qui se trouvent dans les Ordonnances de nos Rois, dans les Coutumes du Royaume, dans les anciens Ar-
rêts & dans les anciens Titres; le Parfait Negociant, ou Instruction generale du Commerce des Marchandises de France
& des Pays étrangers, &c. augmenté des nouvelles Ordonnances, Arrests & Reglemens touchant toutes les affaires du Com-
merce, avec le Traité de l'Art des Lettres de Change du Sieur Dupuis de la Serra, Avocat en Parlement, avec un Traité des
Changes Etrangers, par Claude Naulot; & la suite du Parfait Negociant, contenant les Pareres ou Avis, & Conseils sur
le Commerce, ensemble ou séparément; la nouvelle Methode pour faire toutes sortes de calculs, &c. La nouvelle Bibliotheque
Historique & Chronologique des Auteurs du Droit Civil, Canonique & Particulier; le Parfait Notaire Apostolique &
Procureur des Officialitez & Cours Ecclesiastiques; Conferences Ecclesiastiques sur les plus importantes matieres de la Mo-
rale Chretienne; Oeuvres de Grenade, traduites par Monsieur Girard; les Oeuvres de Voiture; Suite des Reflexions sur le
Ridicule, contenant la Morale-Pratique des Honnêtes-Gens; Quinte-Curce de la Vie & des Actions d'Alexandre le Grand,
de la traduction de Vaugelas, avec les Supplémens de Freinsbemius, traduits par du Ryer, en tels volumes, forme, mar-
ge, caracteres, conjointement ou séparément, & autant de fois que bon lui semblera, & de les vendre, faire vendre
& débiter par tout notre Royaume, pendant le tems de vingt-cinq années consécutives, à compter du jour de la date
desdits Presentes; faisons défenses à toutes sortes de personnes, de quelque qualité & condition qu'elles soient, d'en in-
troduire d'Impression étrangere dans aucun lieu de notre obéïssance; comme aussi à tous Libraires, Imprimeurs, & autres, d'imprimer, faire imprimer, vendre, faire vendre, débiter ni contrefaire lesdits Livres en tout ou partie, ni d'en
faire aucun sous quelque pretexte que ce soit, d'augmentation, correction, changement de titre, méme de traduction étrangere, ou autrement, sans permission expresse & par écrit dudit Exposant, ou de ceux qui auront droit
de lui, à peine de confiscation des Exemplaires contrefaits, de dix mille livres d'amende contre chacun des contrevenans,
dont un tiers à Nous, un tiers à l'Hôtel-Dieu de Paris, l'autre tiers audit Exposant, & de tous dépens, dommages & interêts; à la charge que ces Presentes seront enregistrées tout au long sur le Registre de la Communauté des Libraires &
Imprimeurs de Paris, & ce dans trois mois de la date d'icelles; que l'Impression de ces Livres sera faite dans notre Royaume, & non ailleurs, en bon papier & beaux caracteres, conformément aux Reglemens de la Librairie; & qu'avant que
de les exposer en vente, les Manuscrits ou Imprimez qui auront servi de copie à l'Impression desdits Livres, seront remis dans le même état où les Approbations auront été données ès mains de notre très-cher & feal Chevalier, Chancelier de France, le Sieur Daguesseau; & qu'il en sera ensuite remis deux Exemplaires dans notre Bibliotheque publique,
un dans celle de notre Château du Louvre, & un dans celle de notredit très-cher & feal Chevalier, Chancelier de France,
le Sieur Daguesseau, le tout à peine de nullité des Presentes; du contenu desquelles vous mandons & enjoignons de faire
joüir l'Exposant ou ses ayans cause pleinement & paisiblement, sans souffrir qu'il leur soit fait aucun trouble ou empê-
chement. Voulons que la copie desdites Presentes, qui sera imprimée tout au long au commencement ou à la fin desdits Livres, soit tenuë pour dûëment signifiée, & qu'aux copies collationnées par l'un de nos amez & feaux Conseillers
& Secretaires, foi soit ajoûtée comme à l'Original. Commandons au premier notre Huissier ou Sergent, de faire pour
l'execution d'icelles tous Actes requis & necessaires, sans demander autre permission, & nonobstant clameur de Haro,
Charte Normande & Lettres à ce contraires: CAR tel est notre plaisir. Donné à Paris le vingt-sixiéme jour du mois
de Juillet, l'an de grace mil sept cens vingt, & de notre Regne le cinquiéme. Par le Roy en son Conseil.
Signé, FOUQUET.

Registré sur le Registre IV. de la Communauté des Libraires & Imprimeurs de Paris, page 627. No. 672. conformément aux Reglemens, & notamment à l'Arrest du Conseil du 13. Aoust 1703. A Paris le 14. Aoust 1720. Signé, DELAULNE, *Syndic*.

Ledit Claude Robustel a cedé aux Sieurs Nicolas Gosselin, Guillaume Cavelier, & Jean de Nully, la moitié du Privilege, pour le Traité des Donations seulement, suivant le Traité fait entr'eux. A Paris ce [illegible]. Mars 1730.

ROBUSTEL.